La guerra civil estadounidense para adolescentes

adolescentes

Una guía apasionante de un gran acontecimiento de la historia de Estados Unidos

Índice

Introducción

¿Sabía que algunos soldados de la guerra civil estadounidense tenían tan solo nueve años? ¡Imagínese ser un niño y tener que ir a la batalla! Más de 250.000 soldados menores de dieciocho años sirvieron en el ejército de la Unión y en el de la Confederación, lo que la convierte en una guerra librada por héroes muy jóvenes.

Este libro está especialmente diseñado para jóvenes aficionados a la historia. Encontrará todo lo que necesita saber sobre la guerra de Secesión. Aprenda cómo y cuándo los estados del Sur se retiraron de la Unión, las audaces batallas y campañas de la guerra, la transformación de Estados Unidos después de la guerra y cómo se honra a los valientes participantes en la actualidad.

La historia es mucho más que aprender hechos y fechas. Se trata de conectar los errores y los triunfos del pasado para comprender mejor el mundo de hoy.

En este libro no hay contenidos confusos y aburridos. Los conceptos complejos están desglosados y explicados, y cada capítulo termina con una actividad que estimula sus neuronas y lo mantiene entretenido mientras aprende. Estas páginas también están repletas de mapas e imágenes que impulsan su imaginación y dan forma al contenido ante sus propios ojos.

Prepárese para vivir una emocionante aventura a través del tiempo para aprender más sobre la guerra civil estadounidense.

Capítulo 1: El panorama agitado

Imagine un caldero u olla a punto de hervir. Esto le da una idea de lo caótica que era la situación en Estados Unidos antes de que estallara la guerra civil. El brutal conflicto, que duró de 1861 a 1865, asoló la nación con una pérdida de vidas inimaginable.

Escenas de la guerra civil[1]

Una guerra civil es un conflicto violento entre personas de un mismo país. Implica a grupos organizados que luchan por hacerse con el control de la nación. A veces, la gente busca la independencia de una región específica o quiere cambiar las políticas del gobierno.

La preparación de la guerra de Independencia

Para formarse una idea más clara, se debe comenzar con la situación en Norteamérica a finales del siglo XVIII.

Gran Bretaña reinaba sobre las trece colonias. Los colonos se sentían encajonados porque no tenían suficiente voz en el *Parlamento* británico y Gran Bretaña les había exigía impuestos injustos. También se había restringido el comercio colonial, lo que dificultaba que los colonos ganaran dinero. Como puede imaginar, esto amargó y resintió a los colonos.

Comienza la guerra de Independencia

Antes de que Estados Unidos fuera una nación, la mayoría de los colonos solo querían cierta independencia, pero querían seguir bajo el dominio británico. Sin embargo, las tensiones entre los colonos y los británicos crecieron. Finalmente, estalló la guerra revolucionaria. Comenzó en Lexington y Concord, Massachusetts, el 19 de abril de 1775. La guerra fue una lucha agotadora para las colonias.

El Congreso Continental, formado por delegados de todas las colonias, se reunió para discutir importantes asuntos, tomar decisiones y abordar cuestiones que afectaban a las colonias. El 4 de julio de 1776, el Segundo Congreso Continental adoptó la *Declaración de Independencia*, que declaraba el derecho de los colonos a la independencia.

La *Declaración de Independencia*

Tres cerebros brillantes estaban detrás de la *Declaración de Independencia*: John Adams, Benjamin Franklin y Thomas Jefferson. Eran gigantes política, intelectual e ideológicamente: una combinación poderosa. Los tres hombres fueron figuras clave en la fundación de Estados Unidos. Forman parte de un grupo conocido como los Padres Fundadores, debido a sus importantes contribuciones al país.

La *Declaración de Independencia* sentó las bases de una nueva nación, fundada en ideales democráticos. El documento subraya que todas las personas son iguales, sin importar de dónde vengan o quiénes sean. El documento afirma que todo el mundo tiene derecho a «la vida, la libertad y la búsqueda de la felicidad»[i]. Sin embargo, esto no se aplicaba a los esclavos. Estaban excluidos, porque eran considerados propiedades, no personas.

Posteriormente, dice que el Gobierno debe proteger los derechos de todos sus ciudadanos, que tienen derecho a oponerse si no protege o viola sus derechos. Los ciudadanos pueden incluso rebelarse y establecer un nuevo gobierno si es necesario.

Pintura de la firma de la *Declaración de Independencia* de EE. UU.[2]

La guerra revolucionaria por la independencia

Los colonos recibieron un impulso muy necesario cuando Francia se unió a su causa en 1778. España también reforzó a las colonias en 1779, y los Países Bajos aportaron ayuda financiera, aumentando la *moral* de los combatientes.

En octubre de 1781, el curso de la guerra cambió a favor de las fuerzas *continentales* (estadounidenses). Los colonos obligaron al ejército británico a rendirse en Yorktown, Virginia.

Tras muchas batallas, la guerra terminó oficialmente con la firma del Tratado de París, el 3 de septiembre de 1783. Estados Unidos comenzó a ser una nación autogobernada. En noviembre del mismo año, los

---

[i] Estados Unidos. (1776). *Declaración de Independencia*. Obtenido de National Archives.

soldados británicos que quedaban regresaron a casa desde Nueva York.

El éxito de la Revolución estadounidense inspiró movimientos anticoloniales en todo el mundo. Estados Unidos aún tenía que entablar relaciones diplomáticas y trabajar duro por su lugar en la comunidad internacional.

Una nueva gobernanza para la nueva nación estadounidense

El fin del dominio británico obligó a Estados Unidos a poner las cosas en movimiento. La primera necesidad era redactar y aprobar una constitución, que es un reglamento que establece las leyes por las que se rige un país. Define los derechos de los ciudadanos y aclara los diferentes órganos del Gobierno y sus poderes.

Los Artículos de la Confederación fueron el primer intento del país de establecer un marco jurídico nacional. Sin embargo, los poderes fácticos se dieron cuenta rápidamente de que era un sistema defectuoso. Así que un grupo de delegados decidió crear una constitución completamente nueva, en lugar de limitarse a retocar la antigua.

El objetivo principal era dar más poder al Gobierno *central* (nacional) redefiniendo la forma en que los estados colaboraban. Nuevo Hampshire selló el acuerdo al ser el noveno estado en aprobar la Constitución, que entró en vigor el 21 de junio de 1788. El primer gobierno federal se puso en marcha el 4 de marzo de 1789.

La Constitución estadounidense moderna se basa en la original, pero ha sido modificada, ampliada y modernizada en muchos puntos desde que se hizo oficial por primera vez. A continuación, algunos aspectos importantes de la Constitución cuando entró en vigor, a finales del siglo XVIII.

Equilibrio entre la gobernanza nacional y la local

Existía una separación de poderes entre el nivel federal y los gobiernos estatales individuales. Esto se conoce como sistema federalista, e implica un acuerdo de reparto de poderes con todos los niveles de gobierno funcionando simultáneamente. El sistema federalista estadounidense colocaba al Gobierno nacional en el centro, tomando decisiones que afectaban a todo el país. Al mismo tiempo, cada estado tenía poder para tomar decisiones sobre asuntos locales, pero solo si actuaba dentro de los límites de la Constitución.

La división entre Norte y Sur

En general, los norteños querían que el Gobierno federal tuviera la mayor influencia. Desde su punto de vista, el marco de gobierno era un pacto entre los pueblos de la nación, por lo que tenía sentido dar más poder al Gobierno central. Los sureños defendían los derechos de los estados. Sostenían que este marco era un pacto entre los estados que salvaguardaba la independencia de cada uno de ellos.

Los enfrentamientos a principios del siglo XIX sobre quién debía tener más poder eran interminables. Para hacer frente a esto, se aplicó una norma especial, conocida como la Cláusula de Supremacía. En pocas palabras, precisa que, si hay un desacuerdo entre las leyes nacionales y estatales, la ley federal tiene prelación. Se supone que esto garantiza la uniformidad en todo el país.

En la práctica, sin embargo, lograr la unidad nacional es mucho más difícil.

Los tres poderes del Gobierno en la Constitución de EE. UU.

En el sistema de gobierno del país se definieron tres órganos separados y se establecieron normas específicas de funcionamiento para cada uno de ellos. ¿Cuál era el propósito de esto? Evitar que una sola persona o grupo tuviera demasiado poder. Conozca más sobre cada rama de gobierno.

1. El Congreso de EE. UU.

El Congreso consta de dos partes: la Cámara y el Senado. La Cámara está formada por delegados elegidos por los residentes de cada estado. El tamaño de la población del estado determina el número de delegados. Más habitantes significa más delegados. En el Senado hay dos senadores por cada estado.

• Los poderes del Congreso

El Congreso da forma a las políticas, eligiendo las leyes que debe seguir el país. Si el Congreso quiere que se haga algo, tiene que aprobar un proyecto de ley y convertirlo en ley. El Congreso establece normas sobre el funcionamiento de las empresas y las industrias, con el objetivo de garantizar que las condiciones sean justas y seguras para todos. El Congreso también administra el dinero del país. Puede *impugnar* (someter a juicio) a funcionarios federales, incluido el presidente, el vicepresidente y los jueces.

2. El presidente

El presidente es el comandante en jefe de las fuerzas armadas estadounidenses, dirige la política exterior de la nación y supervisa la ejecución de las leyes. Es una figura muy poderosa. Como líder del país, el presidente también tiene autoridad para vetar la legislación aprobada por el Congreso. En estos casos, el Congreso puede anular la decisión del presidente con dos tercios de los votos a favor, lo que provoca una tensión constante por el poder.

Se celebra un estricto proceso electoral para ver quién ocupa este cargo. Cada estado elige a sus electores. Cuanto mayor es la población de un estado, más electores tiene. Juntos, estos electores componen el Colegio Electoral. Cada cuatro años, emiten sus votos para presidente, y el candidato que consigue la mayoría de los votos se asegura el cargo. Sin embargo, los ciudadanos también votan al presidente. Normalmente, los electores votan al candidato que obtuvo la mayoría de votos en su estado.

El presidente ocupa este cargo durante cuatro años, siempre que no sea sometido a juicio político o no pueda completar su mandato. Curiosamente, antes del siglo XX no había límites para el mandato presidencial. Los presidentes podían ser elegidos tantos mandatos como quisieran, siempre que ganaran las elecciones. Esto cambió con la Vigesimosegunda Enmienda, aprobada en 1951, que limitó la presidencia a solo dos mandatos.

3. El Tribunal Supremo

El Tribunal Supremo es el más alto tribunal del país. Está formado por magistrados, que son nombrados por el presidente después de que el Senado confirme su designación. Los jueces ejercen de por vida, a menos que sean impugnados y destituidos. Muchos jueces proceden del mundo de la política y no de tribunales inferiores. Aunque se supone que son *imparciales* (neutrales), tienden a tener las mismas opiniones políticas que el presidente en ejercicio. Sus opiniones políticas son a menudo bien conocidas antes de sus nombramientos.

• Los poderes del Tribunal Supremo

El Tribunal Supremo tiene la misión de decidir si las leyes aprobadas por el Congreso o las medidas adoptadas por el *poder ejecutivo* (el presidente y su gabinete) se ajustan a la Constitución y a casos judiciales anteriores. También debe aclarar el significado y los efectos de las *disposiciones* constitucionales (condiciones). El Tribunal Supremo

---

resuelve los conflictos entre las leyes federales y estatales, situando la ley federal al más alto nivel.

Cómo la Constitución ayudó a mantener la esclavitud

La Constitución estadounidense no decía abiertamente que los esclavos fueran propiedad y no tuvieran derechos. Sin embargo, la esclavitud florecía en aquella época, y se avalaba de forma indirecta en algunas de las disposiciones de la Constitución. Esta institución inhumana era indultada indirectamente, e incluso tolerada. A continuación, un desglose de estas disposiciones relacionadas con la esclavitud:

1. La Cláusula de los Tres Quintos

La Cláusula de los Tres Quintos contaba a las personas esclavizadas como tres quintas partes de una persona. Esto dio a los estados con más esclavos más poder en el gobierno. Por ejemplo, aunque la población total de Georgia era menor que la de otros estados, su gran población esclava significaba que obtenía más representantes en el Congreso.

2. El Compromiso sobre el Comercio de Esclavos

El Compromiso sobre el Comercio de Esclavos impidió al gobierno federal prohibir la importación de esclavos de otros países hasta 1808. Los estados del Norte querían acabar con el comercio de esclavos, pero los estados del Sur amenazaron con *separarse* de EE. UU. si esto ocurría. Ninguna de las partes estaba preparada para una situación tan drástica, así ambas acordaron retrasar la prohibición.

3. La Cláusula del Esclavo Fugitivo

Los estados libres se vieron obligados a devolver a los esclavos fugitivos a sus dueños en virtud de la Cláusula del Esclavo Fugitivo. Esto negaba a los esclavizados cualquier posibilidad de libertad. Con el tiempo, esta cláusula fue a menudo ignorada en el Norte.

La evolución del derecho de voto

A principios del siglo XIX, solo los varones blancos propietarios podían votar. Los varones blancos no propietarios pudieron votar en las elecciones presidenciales de 1828 en la mayoría de los estados. Pasaron décadas antes de que las mujeres, los afroamericanos y los nativos americanos pudieran votar. En 1856, todos los estados ya permitían votar a los varones blancos.

La Revolución Industrial y la creciente brecha Norte-Sur

Desde finales de 1700 hasta 1861, la Revolución Industrial sustituyó la economía agraria de Estados Unidos por una manufactura y una industria más lucrativa. Las herramientas manuales y la producción a pequeña escala fueron sustituidas por maquinaria y fábricas a gran escala.

En los estados del Norte, los procesos de fabricación se mejoraron y ampliaron gracias al crecimiento de la población. La región se convirtió en un centro de fábricas, que producían una gran variedad de bienes. Se crearon nuevos inventos, como la desmotadora de algodón, una máquina para separar las semillas de algodón de la fibra. Se aceleró el procesamiento del algodón y se expandió la industria textil, aumentando enormemente la demanda de algodón en bruto de las plantaciones del Sur.

Fotografía de una desmotadora de algodón[8]

El Norte utilizó una *mano de obra* mayoritariamente *libre* (no esclavizada, trabajadores asalariados) y aprovechó al máximo las nuevas tecnologías. Los estados del Sur se centraron en su vía económica existente, lo que provocó el aumento de su dependencia de la *mano de obra esclavizada* (trabajo forzado sin remuneración).

La industrialización continuó en el Norte y las ciudades crecieron rápidamente. Apareció una nueva clase media industrial. La región invirtió mucho en infraestructuras, lo que facilitó el transporte de personas, mercancías e ideas. Un segmento creciente de la sociedad norteña consideraba la esclavitud como una institución anticuada e inmoral. Muchos creían que no estaba en consonancia con los principios de su nación moderna e industrializada.

La economía sureña dependía en gran medida de sus vastas propiedades y del cultivo de cosechas comerciales (principalmente algodón). La estructura social jerárquica del Sur creó una enorme brecha entre los propietarios ricos, los granjeros más pequeños y los esclavos. Los sureños se resistieron a la industrialización, temiendo que socavara la institución de la esclavitud. Creían que arruinaría su modo de vida.

Como puede ver, los estados del Norte y del Sur eran dos mundos diferentes.

La expansión hacia el Oeste: Pioneros del sueño americano

En 1803, Estados Unidos compró a Francia una gran porción de tierras norteamericanas. La compra de Luisiana duplicó el tamaño del país. Este nuevo territorio hizo que los estadounidenses estuvieran ansiosos por trasladarse y establecerse en nuevas regiones.

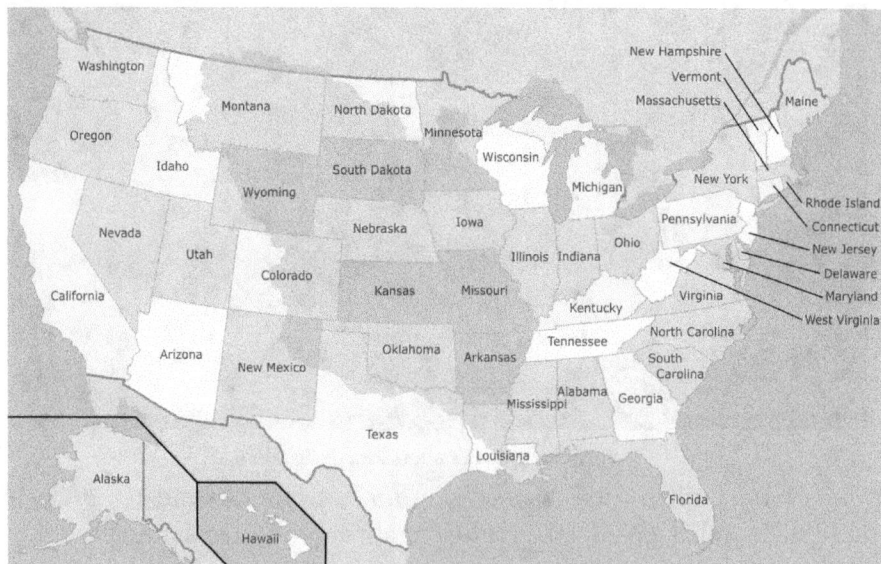

Mapa de las zonas incluidas en la Compra de Luisiana⁴

El canal de Erie, terminado en 1825, se extendía a lo largo de 363 millas por el estado de Nueva York. El canal abrió una vía de paso hacia los territorios del noroeste (actualmente Michigan, Ohio, Indiana e Illinois). Proporcionó una vía navegable para el comercio y la migración.

Curiosamente, ¡esto hizo que los costos del comercio de mercancías disminuyeran en un 90 %! Estimuló la primera gran oleada de colonos que se desplazaron hacia el oeste. Nueva York se convirtió en un próspero centro de negocios y el comercio entre las distintas regiones aumentó enormemente.

En 1840, casi siete millones de estadounidenses, alrededor del 40 % de la población del país, vivían en el oeste transapalache *(Trans-Appalachia)*. El Sendero de Oregón, una ruta de tres mil kilómetros, fue utilizado por los pioneros estadounidenses en la década de 1840 para viajar en dirección al oeste, desde Misuri hasta Oregón. Miles de personas utilizaron el sendero. Sin embargo, a finales de la década de 1860, el ferrocarril se convirtió en el método de transporte más utilizado.

La década de 1840 también vio el crecimiento del destino manifiesto, una creencia de que los estadounidenses estaban divinamente *ordenados* (destinados) a emigrar hacia el oeste y establecerse por todo el continente. Esta *filosofía* (forma de pensar) impulsó el crecimiento territorial estadounidense del siglo XIX, prometiendo extender la democracia y *el capitalismo* (oportunidades de negocio) por toda Norteamérica. La migración masiva *de los mormones* (un grupo religioso) a Utah, en la década de 1840, estableció un mayor asentamiento en el Oeste.[i]

Pintura que representa el destino manifiesto. Se distribuyó ampliamente en el siglo XIX como un grabado llamado *Espíritu de la frontera*[i]

---

[i] O'Sullivan, J. L. (1845). Annexation. *The United States Magazine and Democratic Review*, 17, 5-10.

La expansión hacia el oeste alimentó las tensiones

A medida que los estadounidenses se desplazaban hacia el oeste, la cuestión de la esclavitud pasó a un primer plano. ¿En los nuevos estados, prevalecería la libertad, o los grilletes? Dos acontecimientos clave enturbiaron aún más las aguas:

- **El Compromiso de Misuri de 1820:** Este conjunto de leyes permitió la entrada de Misuri como estado esclavista y de Maine como estado libre. Equilibró el número de estados libres y esclavistas, pero también puso de relieve las opiniones regionales.

- **Luchas por el poder político:** A medida que se formaban nuevos estados, el equilibrio de poder en el Congreso cambiaba de forma natural. Esto se tradujo en un aumento de las luchas entre los grupos a favor y en contra de la esclavitud.

La creciente actitud antiesclavista del Norte

El movimiento antiesclavista en Estados Unidos era complejo y estaba impulsado por creencias morales. Sin embargo, había algo más. Los trabajadores esclavos no remunerados eran competencia para los trabajadores libres remunerados. La actitud antiesclavista se hizo más popular, ya que la gente quería proteger sus posibilidades de ganarse la vida.

Durante esa época, muchos blancos consideraban que tenían derecho a más que los afroamericanos y los nativos americanos. Al abolir la esclavitud, los trabajadores blancos esperaban obtener un mayor control sobre el mercado laboral, garantizando una competencia más justa y protegiendo sus puestos de trabajo y sus salarios de ser socavados por el trabajo no remunerado.

Si la esclavitud dejaba de extenderse, los afroamericanos podrían obtener derechos a largo plazo. Muchos blancos creían que, cuando esto ocurriera, podrían mantener el dominio social mediante leyes de *segregación* (exclusión, separación) y prácticas *discriminatorias* (injustas). (Segregación es mantener separadas a las personas por su raza, religión u otras características. Suele conllevar un trato injusto y menos oportunidades para el grupo oprimido).

Muchos blancos del Norte creían que si la esclavitud seguía extendiéndose, los estados del Sur ganarían más influencia política. Esto reduciría la voz política de los estados del Norte. Al detener la propagación de la esclavitud, pretendían debilitar el poder político del Sur y reforzar el control de los estados del Norte sobre las políticas nacionales. Esto, a su vez, protegía los empleos, los salarios y el poder general de los blancos del Norte.

Mucha gente también odiaba la esclavitud porque era moralmente incorrecta. Sin embargo, no se puede ignorar el hecho de que muchos querían que se prohibiera la esclavitud velando por sus propios intereses. No luchaban realmente por los derechos de los esclavos.

La guerra mexicano-estadounidense y la expansión

La Revolución de Texas se inició en octubre de 1835. En este conflicto, los colonos de lo que hoy es Texas lucharon para independizarse de México, que había prohibido la esclavitud en 1829. Los colonos de Texas se independizaron en abril de 1836. Después de esto, crearon una constitución favorable a la esclavitud.

Cuando Texas se convirtió en el vigésimo octavo estado de EE. UU., en 1845, estalló una disputa entre México y EE. UU. sobre la ubicación de la frontera de Texas. Resolver esto parecía imposible sin una guerra. No mucho después, en abril de 1846, comenzó la guerra entre México y EE. UU, llamada guerra mexicano-estadounidense. La guerra terminó, tras varias batallas a favor de EE. UU., con el Tratado de Guadalupe Hidalgo, en 1848.

Esta victoria estadounidense añadió a su territorio 500.000 millas cuadradas de territorio mexicano. México *cedió* (renunció) a lo que hoy en día es California, Texas, Nuevo México, Utah, Nevada y Arizona. A cambio, EE. UU. le dio quince millones de dólares. La expansión continuó, ampliando la división existente sobre la esclavitud.

Las ganancias de tierras de la guerra también allanaron el camino a la Fiebre del Oro de California y a nuevos asentamientos. A principios de 1848 se encontró oro en Sutter's Mill, en Coloma, California. Buscadores de fortuna de todo el mundo partieron hacia California. Alrededor de 300.000 personas de diversos países y partes de EE. UU. acudieron allí y se asentaron a lo largo de la costa del Pacífico.

El compromiso que dio forma a una nación

El Compromiso de 1850 fue un paquete de cinco proyectos de ley del Congreso aprobados en septiembre de 1850. Fue principalmente el resultado de los debates sobre la esclavitud en los nuevos territorios, creados tras la guerra mexicano-estadounidense. El Compromiso de 1850 se diseñó para mejorar brevemente una situación entre los estados esclavistas y los libres, porque cada vez estaban más enfrentados entre sí. Muchos piensan que este compromiso retrasó la guerra de la nación alrededor de una década.

California pasó a formar parte de la Unión como estado libre. A Nuevo México y Utah se les dio la opción de permitir la esclavitud a través de la «soberanía popular». Esto significa que el gobierno obtiene su poder del pueblo, por lo que el pueblo decide quién está al mando y qué leyes se cumplen. En pocas palabras, el pueblo de cada estado podía votar sobre si permitir o no la esclavitud sin la participación del gobierno.[i]

El Compromiso de 1850 incluía el fortalecimiento de la Ley del Esclavo Fugitivo de 1793. Las medidas más estrictas permitían a los propietarios de esclavos y a sus agentes buscar esclavos fugitivos en los estados libres. Tras mostrar pruebas de su propiedad, los fugitivos debían ser devueltos. Se podían imponer duros castigos a cualquiera que ayudara a los esclavos fugitivos. Esto puso en peligro a los antiesclavistas, que ayudaban a escapar a los esclavos, y aumentó las tensiones entre el Norte y el Sur.

Del Compromiso de 1850 a la Ley Kansas-Nebraska

Para organizar los nuevos territorios occidentales, en 1854 se aprobó la Ley Kansas-Nebraska. Su objetivo era facilitar la expansión hacia el oeste y construir un ferrocarril de costa a costa. La atención se centró en el vasto territorio de Nebraska, que incluía futuros estados como Kansas, Nebraska, Montana y las Dakotas.

La Ley también anuló el Compromiso de Missouri de 1820. La Ley Kansas-Nebraska establecía que los nuevos territorios podían decidir sobre la esclavitud a través de la soberanía popular. Esto tuvo un peligroso efecto de bola de nieve, ya que quedaba en manos de cada estado la decisión de convertirse en un estado libre o esclavista.

Una etapa de violentos enfrentamientos estalló cuando facciones inundaron Kansas para influir en el voto. Este periodo fue tan preocupante, que incluso dio lugar al apodo de «Kansas sangrienta» (1854-1859). Además, *el fraude electoral* (amaño de votos) era muy común, y la gente con opiniones radicales estaba dispuesta a hacer casi cualquier cosa para salirse con la suya.[ii]

[i] McPherson, J. M. (2003). *Grito de batalla de la libertad: La era de la Guerra Civil.* Oxford University Press.

[ii] Etcheson, N. (2004). *Bleeding Kansas: Contested Liberty in the Civil War Era.* Lawrence:

En el próximo capítulo se examina la esclavitud en Estados Unidos con mucho detalle. Por ahora, ¡es hora de poner a prueba sus conocimientos con la siguiente actividad!

University Press of Kansas.

Actividad del capítulo 1

Responda si las afirmaciones que figuran a continuación son verdaderas o falsas.

1. Norteamérica se dividió en trece colonias bajo el dominio británico en el siglo XVIII.

2. La *Declaración de Independencia* es un importante documento que fue redactado por el presidente de EE. UU. después de que los colonos ganaran la guerra de Independencia.

3. La Constitución de EE. UU. define cinco ramas de gobierno: El Congreso, la Cámara de Representantes, el Senado, el presidente y el Tribunal Supremo.

4. La Compra de Luisiana añadió varias provincias canadienses y las islas del Caribe al territorio estadounidense.

5. El destino manifiesto se refiere a la creencia de que los estadounidenses estaban divinamente ordenados a extenderse por todo el continente, difundiendo la democracia y el capitalismo.

6. La guerra mexicano-estadounidense se produjo principalmente porque los mexicanos querían aliarse con los estados del Sur.

7. Soberanía popular significa que el pueblo de cada estado puede votar sobre permitir o no la esclavitud sin la intervención del gobierno.

8. El Compromiso de Misuri de 1820 permitió la entrada de Misuri como estado libre y de Maine como estado esclavista.

9. En el siglo XVIII, los presidentes solo podían ocupar el cargo durante dos mandatos.

10. Cuando el presidente vetaba una decisión del Congreso, el Tribunal Supremo podía anularla si los magistrados consideraban que era injusta.

Respuestas a la actividad del capítulo 1

Responda si las afirmaciones que figuran a continuación son verdaderas o falsas.

1. Norteamérica se dividió en trece colonias bajo el dominio británico en el siglo XVIII. **Verdadero.**

2. La *Declaración de Independencia* es un documento importante que fue redactado por el presidente de EE. UU. después de que los colonos ganaran la guerra de Independencia. **Falso.**

3. La Constitución de EE. UU. define cinco ramas de gobierno: El Congreso, la Cámara de Representantes, el Senado, el presidente y el Tribunal Supremo. **Falso.**

4. La Compra de Luisiana añadió varias provincias canadienses y las islas del Caribe al territorio estadounidense. **Falso.**

5. El destino manifiesto se refiere a la creencia de que los estadounidenses estaban divinamente ordenados a extenderse por todo el continente, difundiendo la democracia y el capitalismo. **Cierto.**

6. La guerra mexicano-estadounidense se produjo principalmente porque los mexicanos querían aliarse con los estados del Sur. **Falso.**

7. Soberanía popular significa que el pueblo de cada estado puede votar sobre permitir o no la esclavitud sin la intervención del gobierno. **Cierto.**

8. El Compromiso de Misuri de 1820 permitió la entrada de Misuri como estado libre y de Maine como estado esclavista. **Falso.**

9. En el siglo XVIII, los presidentes solo podían ocupar el cargo durante dos mandatos. **Falso.**

10. Cuando el presidente vetaba una decisión del Congreso, el Tribunal Supremo podía anularla si los magistrados consideraban que era injusta. **Falso.**

Capítulo 2: Historia de la esclavitud en Estados Unidos

La esclavitud fue un aspecto determinante de la guerra civil. Este es un buen momento para seguir la evolución de esta institución en Estados Unidos.

Cuadro que representa la cubierta de un barco negrero[6]

La historia de la esclavitud

La esclavitud es una institución injusta en la que las personas son tratadas como cosas o propiedades, no como seres humanos. No se les considera ciudadanos, por lo que no tienen derechos. Los esclavos son propiedad de otras personas, que son libres y tienen derechos. Los esclavos son obligados a trabajar sin remuneración y deben hacer todo lo que sus dueños quieren.

La esclavitud fue utilizada por las sociedades antiguas y se remonta hasta los grupos de cazadores-recolectores. En aquella época, la esclavitud hereditaria era habitual (esclavitud hereditaria significa que la condición de esclavitud se transmite de una generación a la siguiente; los hijos de esclavos son automáticamente esclavos). Después, civilizaciones como los avanzados sumerios, hace unos cinco milenios y medio, crearon sistemas de esclavitud más organizados. A partir de ahí, se extendió por todo el mundo, llegando a África, Asia y Europa.

La trata de esclavos en el Atlántico

Las naciones europeas se lanzaron a explorar el mundo entre los siglos XV y XVII. Conquistaron y reclamaron diversas partes del globo. Este periodo se conoce como la Era de las Exploraciones.

Los portugueses iniciaron el proceso de secuestrar africanos y obligarlos a la esclavitud. Intercambiaron africanos nativos con otras naciones y colonias por dinero y otros bienes. Ya en la década de 1480, los esclavos africanos eran transportados a Cabo Verde y a las islas Madeira, en el Atlántico oriental.

Con el paso del tiempo, otras naciones hicieron lo mismo. A menudo contaban con la ayuda de líderes y comerciantes africanos locales. África perdió a muchos adultos jóvenes a causa de este comercio, lo que marcó el inicio de uno de los periodos más terribles de la historia.

Los esclavos eran trasladados en barco por el océano Atlántico a través del Pasaje del medio. El Pasaje del medio era la etapa intermedia del viaje forzado de los africanos a las Américas. Los esclavos eran mantenidos en condiciones espantosas y manipulados como si fueran carga. Durante estos viajes, muchos morían a causa de los malos tratos, la desnutrición y las enfermedades. Sin embargo, muchos sobrevivían.

La llegada de la esclavitud a Estados Unidos

En 1619, el León Blanco atracó en la colonia británica de Jamestown, en Virginia. Al parecer transportaba a veinte africanos para venderlos como esclavos. Fueron los primeros esclavos que llegaron a lo que se convertiría en Estados Unidos.

A lo largo del siglo XVII, se formaron más colonias en el continente, lo que aumentó la necesidad de esclavos. En la década el siglo XVIII, se calcula que varios millones de africanos fueron enviados a la fuerza a Norteamérica.

El movimiento antiesclavista

Las actitudes antiesclavistas en Estados Unidos surgieron gradualmente, a partir del siglo XVII. En 1688, se dio uno de los primeros pasos concretos hacia la abolición, cuando los cuáqueros alemanes de Pensilvania crearon la Petición Cuáquera de Germantown contra la Esclavitud. Los cuáqueros siguen siendo un grupo religioso en la actualidad. *Los menonitas* (otro grupo religioso) se unieron a ellos para pronunciarse contra la esclavitud.

Los esfuerzos organizados contra la esclavitud eran escasos. Había demasiada presión sobre la gente para que aceptara el *statu quo* (la situación actual). Hablar claro estaba mal visto.

El movimiento abolicionista fue un esfuerzo dedicado a detener la práctica de la esclavitud. Los activistas antiesclavistas, más conocidos como *abolicionistas*, incluían personas de todos los ámbitos de la vida y de todas las razas. Impulsados por puntos de vista morales y con pasión por lograr la igualdad de derechos humanos, trabajaron incansablemente para exponer la injusticia de la esclavitud y ponerle fin. Utilizaron casi todos los medios, incluidos los discursos públicos, las peticiones, el activismo político y las redes clandestinas.

El comercio de esclavos alcanzó su apogeo en Estados Unidos a finales del siglo XVIII y principios del XIX, al mismo tiempo que el movimiento antiesclavista avanzaba.

La esclavitud durante la Revolución estadounidense

Durante la Revolución estadounidense, los colonos lucharon por su propia libertad. Sin embargo, siguieron negando la libertad a las personas esclavizadas. Algunos esclavizados creyeron que serían liberados a cambio de su servicio, y lucharon a favor de los británicos. Se calcula que entre mil y dos mil afroamericanos esclavizados de Virginia se cambiaron al bando británico.

En un principio, el ejército Continental impidió que los soldados afroamericanos se alistaran, pero esta política cambió debido a la falta de hombres. Aproximadamente cinco mil soldados y marineros afroamericanos, tanto libres como esclavizados, participaron en la guerra. Algunos esclavizados escaparon hacia la libertad, sobre todo en las zonas ocupadas por las fuerzas británicas. Se calcula que miles de esclavos escaparon y obtuvieron la libertad durante esta guerra.

Durante la guerra, Vermont hizo que la esclavitud fuera contraria a la ley en su constitución de 1777. Sin embargo, los niños y niñas que ya estaban esclavizadas en el momento en que se aprobó la ley, seguían siendo esclavos. Solo podían ser liberados a los veintiún años, los hombres, y a los dieciocho, las mujeres. Pensilvania aprobó una ley en 1780 para eliminar lentamente la esclavitud. Como se ve, el progreso fue lento.

La esclavitud después de la guerra de Independencia

Tras la Revolución estadounidense, el Tribunal Judicial Supremo de Massachusetts dictaminó que la esclavitud era inconstitucional, en 1783. En 1784, Connecticut introdujo una ley para acabar con la esclavitud mediante un proceso lento. Rhode Island siguió el ejemplo ese mismo año, con su ley para acabar paulatinamente con la esclavitud. Fue un comienzo; sin embargo, estas leyes estatales no pusieron fin inmediato a la esclavitud.

La Sociedad Religiosa de los Amigos (de los cuáqueros) desempeñó un gran papel ayudando a los grupos abolicionistas después de la revolución. Benjamin Franklin ayudó mucho en los esfuerzos contra la esclavitud. En 1787, se convirtió en presidente de un grupo de Pensilvania que trabajaba para acabar con la esclavitud poco a poco y que también ayudaba a los esclavos liberados, proporcionándoles ayuda para comenzar una nueva vida.

En 1788, los antiesclavistas respiraron aliviados cuando el secuestro y el comercio de esclavos se volvieron ilegales en Massachusetts. Los traficantes de esclavos se enfrentaron a graves castigos y multas tras la entrada en vigor de esta ley. En las décadas siguientes, otros estados también prohibieron la esclavitud.

Sin embargo, estas leyes fueron muy lentas en entrar en vigor y producir cambios reales, dejando que la esclavitud prosperara durante décadas después de la Independencia.

Prince Hall, el famoso abolicionista

Prince Hall era un hombre afroamericano nacido hacia 1735; la fecha y el lugar exactos siguen siendo inciertos. Era esclavo en Boston cuando *tuvo* lugar la masacre de la ciudad, el 5 de marzo de 1770.

Una multitud de colonos acosó a un solitario soldado británico en King Street. El capitán británico Thomas Preston envió tropas para calmar los disturbios. Cuando la multitud empezó a lanzar bolas de nieve y a volverse más hostil con el creciente número de soldados británicos, la situación se descontroló. Los dispararon contra la multitud, causando la muerte de cinco colonos e hiriendo a varios más.

Este acontecimiento ayudó a provocar la guerra revolucionaria, dando fuerza a nuevas ideas sobre la libertad y la igualdad. Estas ideas promovieron el cambio para los esclavos en Massachusetts y otras colonias. La gente empezó a ver la contradicción que suponía luchar por la libertad y a la vez mantener esclavos.

En 1775, el propietario de Hall lo liberó voluntariamente mediante el proceso legal de manumisión. Tras ser liberado, Hall ayudó a los colonos en la guerra por la independencia.

En el siglo XVIII, las logias masónicas eran organizaciones *fraternales* (de hermanos). Eran lugares de confraternidad y apoyo y tenían rituales secretos y enseñanzas morales. Estaban cerradas a la gente negra.

En 1775, Hall y un grupo de hombres afroamericanos libres formaron la primera logia masónica para negros del mundo. Se llamó Logia Africana. Estos hombres pronunciaron poderosos discursos y escribieron peticiones pidiendo la abolición de la esclavitud. Hall y la Logia Africana se enfrentaron a constantes injusticias, pero siguieron luchando por la igualdad.

Retrato del príncipe Hall[1]

En 1777, Hall redactó una petición en la que pedía la gradual liberación de los esclavizados en Massachusetts. Hall abrió una escuela para niños afroamericanos en su casa y consiguió financiación para las escuelas afroamericanas de Boston en 1796. Su aportación fue inestimable para aprobar la legislación que ilegalizaba el comercio de esclavos en Massachusetts. Murió el 7 de diciembre de 1807.

El creciente movimiento abolicionista

Durante la primera mitad del siglo XIX, los abolicionistas tomaron un lugar relevante. A continuación, se examina más de cerca a algunos de los activistas antiesclavistas más famosos.

• David Walker

Nacido hacia 1785, David Walker se convirtió en un importante abolicionista afroamericano de Carolina del Norte. Sus primeros años de vida están rodeados de misterio, aunque está claro que fue autodidacta.

En 1829 publicó su influyente obra, *Un llamamiento a los ciudadanos de color del mundo*, en la que instaba a los afroamericanos a resistirse a la esclavitud por todos los medios, incluido el uso de la violencia. Leídos por blancos y afroamericanos, los escritos de Walker inspiraron a muchos a unirse al movimiento abolicionista.

Se desconoce el paradero de Walker después de la publicación de este libro, pero fue blanco de los esclavistas. Algunos historiadores creen que murió en 1830, bien por causas naturales o de forma violenta.

• William Lloyd Garrison

William Lloyd Garrison, un importante abolicionista blanco, nació en 1805. Fundó *The Liberator*, un semanario antiesclavista, en 1831. Publicado en Massachusetts y distribuido por todos los estados libres del Norte, consiguió un público entregado en EE. UU. y en el extranjero.

Garrison escribía a menudo artículos y columnas de opinión. El

Retrato de William Lloyd Garrison'

periódico también publicaba relatos de primera mano sobre la vida de las personas esclavizadas y descripciones de las subastas de esclavos. El objetivo era que los lectores reconsideraran sus opiniones sobre la esclavitud y actuaran en consecuencia.

Garrison desempeñó un papel clave en la formación de la Sociedad Americana Antiesclavista en 1833. Durante su vida, la esclavitud fue abolida, ya que la Decimotercera Enmienda fue aprobada en 1865. En 1879, murió de una enfermedad cardiaca en Nueva York y fue enterrado en Boston, en el cementerio de Forest Hills.

• Harriet Beecher Stowe

Otra importante activista blanca antiesclavista fue Harriet Beecher Stowe. Nació en Connecticut, en 1811. Tras casarse con un profesor y mudarse a Cincinnati, Ohio, estuvo expuesta al creciente movimiento abolicionista. Allí fue testigo de la brutalidad de la esclavitud.

Foto de Harriet Beecher Stowe[9]

Horrorizada por lo que estaba ocurriendo y por la introducción de la Ley de Esclavos Fugitivos de 1850, puso la pluma sobre el papel y comenzó a escribir una novela. En 1851, su hijo falleció trágicamente, probablemente a causa de una enfermedad, lo que la inspiró a terminar su libro.

La cabaña del tío Tom, publicado en 1852, se convirtió en un éxito de ventas instantáneo. El libro describía el trato inhumano que recibían los esclavos y provocó una simpatía generalizada por el sufrimiento de los esclavos. Harriet Beecher Stowe escribió muchas más novelas y consiguió apoyo para el movimiento abolicionista dando discursos, escribiendo artículos y difundiendo su mensaje.

Tras su muerte, en 1896, fue enterrada en la parcela familiar del cementerio Old North de Hartford.

• **Frederick Douglass**

Nacido en la esclavitud, en 1818, Frederick Douglass creció en el condado de Talbot, Maryland. La madre de Douglass era una afroamericana esclavizada y su padre era un hombre blanco, probablemente su esclavizador. Gracias a la educación autodidacta y a la ayuda de amables mujeres blancas, Douglass aprendió a leer y escribir, las que fueron herramientas inestimables en sus últimos años.

En 1838, Douglass se disfrazó de marinero afroamericano libre y huyó a Nueva York. Consiguió su libertad y finalmente se dirigió a Massachusetts. *Narrativa de la vida de Frederick Douglass*, publicado en 1845, fue escrito por él. El libro se convirtió en un éxito de ventas y abrió los ojos de la gente a las realidades de la vida de los esclavos.

El libro se reeditó muchas veces, con capítulos añadidos, que detallaban los esfuerzos abolicionistas de Douglass como hombre libre.

Retrato de Frederick Douglass[10]

Murió el 20 de febrero de 1895, en Washington, DC, y fue enterrado en el cementerio Mount Hope de Rochester, Nueva York.

- Harriet Tubman

Harriet Tubman, nacida Araminta Ross, fue esclava hacia 1822 en Maryland. Una grave lesión en la cabeza durante su infancia la dejó con problemas médicos crónicos, incluidas convulsiones. Más tarde en su vida, interpretó sus convulsiones como señales del reino celestial.

Fotografía de Harriet Tubman[i]

Adoptó el apellido de su marido, el afroamericano libre John Tubman, y más tarde cambió su nombre de pila por el de Harriet. Como puede imaginarse, la condición de esclava de Harriet tensó su relación. Aterrorizada ante la posibilidad de que la vendieran, Tubman escapó de la esclavitud y se dirigió sola a Filadelfia, en 1849.

Decidida a liberar a otros, Tubman se convirtió en conductora del Ferrocarril Subterráneo. Hizo muchos viajes a Maryland para guiar a las personas esclavizadas hacia la libertad en el Norte. El Ferrocarril Subterráneo era una red *clandestina* (secreta) de personas que ayudaban a los esclavizados a escapar del Sur.

Las rutas secretas eran utilizadas por los esclavos fugitivos para viajar hacia los estados del Norte y a Canadá, donde buscaban su libertad. No ser capturados era una parte esencial de las empresas de esta red. La comunicación se realizaba a través de un sistema de códigos, señales y mensajes ocultos.

El Ferrocarril Subterráneo funcionó desde finales del siglo XVIII hasta 1865, cuando también terminó la guerra civil. Se cree que miles de personas escaparon hacia la libertad gracias a este conjunto interconectado. Apodada la «Moisés de su pueblo», Tubman ayudó a cientos de personas a alcanzar la libertad. Se dice que nunca perdió a uno de sus pasajeros. Su fama se extendió, lo que resultó en una recompensa por su cabeza.

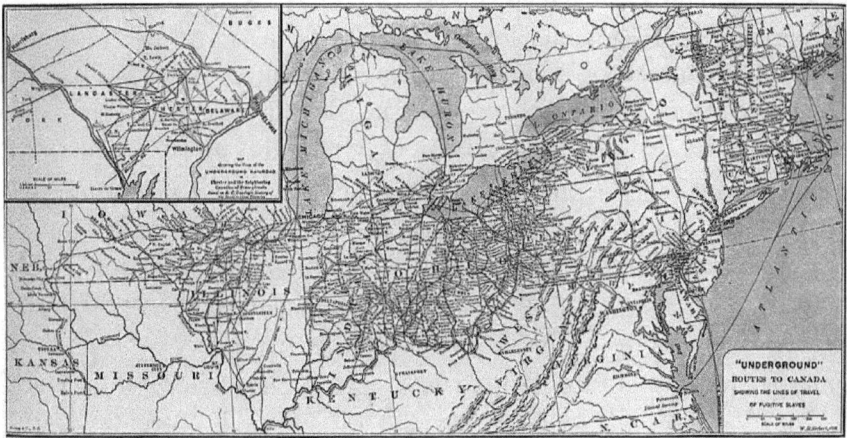

Mapa de las rutas del Ferrocarril Subterráneo[12]

Durante la guerra civil, Tubman fue exploradora, espía y enfermera del ejército de la Unión. Participó en el Combahee Ferry Raid, una operación militar que las fuerzas del Norte llevaron a cabo el 2 de junio de 1863. Durante la operación, Tubman dirigió a un grupo de soldados y esclavizados fugados en la captura del transbordador. Setecientos cincuenta esclavos fueron liberados y se unieron a la lucha del lado del ejército de la Unión.

Tras la guerra y la abolición de la esclavitud, Tubman dedicó gran parte de su tiempo a luchar por los derechos de las personas que habían sido esclavizadas. Aunque Tubman recibió una pensión del gobierno estadounidense por su servicio, tuvo que hacer frente a dificultades económicas en sus últimos años. Murió en Nueva York, en 1913, y fue enterrada con todos los honores militares.

La brutal rebelión de los esclavos de Nat Turner

El movimiento abolicionista no fue la única forma de resistencia a la esclavitud. Las personas esclavizadas emprendieron acciones drásticas y violentas. A continuación, un ejemplo.

Nacido en 1800, Nat Turner era un predicador afroamericano esclavizado de Virginia. No era abolicionista, pero fue una figura importante a principios del siglo XIX. Dirigió una de las revueltas de esclavos más violentas de la historia de Estados Unidos.

En 1831, Turner y un grupo de sus seguidores, en su mayoría esclavos, se rebelaron contra los esclavistas blancos en el condado de Southampton. En la noche del 21 de agosto, el grupo tomó armas y caballos después de matar a la familia Travis en su granja.

Durante el día siguiente, los rebeldes se desplazaron por el condado, atacando asentamientos blancos y reclutando a otros esclavizados para su causa. Sus principales objetivos eran las familias blancas, y su revuelta causó la muerte de unos sesenta blancos, entre ellos mujeres y niños.

El grupo evitó ser capturado durante varias semanas, escondiéndose en pantanos y bosques. Además, contaban con el apoyo de las comunidades afroamericanas. En respuesta a la rebelión, *las milicias* blancas (ejércitos privados) y los cazadores de recompensas iniciaron una intensa cacería humana. Finalmente, atraparon a los rebeldes.

Turner fue capturado en una cueva cerca de Dismal Swamp, Carolina del Norte, el 30 de octubre del mismo año. Después de esto, fue rápidamente juzgado, declarado culpable y ejecutado el 11 de noviembre de 1831. Otros implicados también fueron capturados y severamente castigados. Normalmente, eran vendidos fuera de la región o ejecutados.

Hoy en día, Turner sigue siendo un tema de acalorado debate. Algunos lo ven como un individuo valiente que luchó contra las injusticias de la esclavitud, mientras otros piensan que era un criminal violento que causó grandes daños.

En un esfuerzo por evitar más levantamientos, los esclavistas blancos aumentaron *la vigilancia* (espionaje y control) de las personas esclavizadas y aplicaron códigos esclavistas más estrictos (los códigos esclavistas eran leyes del Sur que restringían los derechos y movimientos de las personas esclavizadas. Estaban diseñados para mantener el control y evitar que se produjeran rebeliones).

Los códigos de la esclavitud incluían medidas para impedir que los esclavos estuvieran fuera de sus áreas designadas durante ciertas horas, viajaran a pueblos y plantaciones cercanas sin permiso y se reunieran en grandes grupos.

La esclavitud justo antes de la guerra civil

En 1860, la esclavitud no solo estaba fijada en el modo de vida estadounidense, sino que también había formado parte de la historia de Estados Unidos durante unos 250 años. Incluso con el progreso en algunos lugares y estados, la esclavitud permaneció inamovible en muchos otros.

La esclavitud se había convertido en un ciclo. Las personas esclavizadas eran consideradas propiedades y sus descendientes heredaban esta condición automáticamente. Esto creó un ciclo continuo de mano de obra esclava, eliminando la necesidad de importar más esclavos a través del comercio.

Y así, tras esta sólida comprensión del desarrollo de la esclavitud en Estados Unidos, ¡es hora de completar la actividad de este capítulo!

Actividad del capítulo 2

Encuentre las siguientes palabras en la sopa de letras que aparece a continuación.

- Abolir
- Clandestino
- Libertador
- Rebeldes
- Esclavitud
- Servidumbre
- Exploración
- Propiedad
- Activistas
- Fraternal

F	R	A	T	E	R	N	A	L	H	D	F	D	V	P
Y	R	D	X	C	J	F	N	B	G	E	D	S	X	E
A	O	O	O	P	L	M	D	D	V	C	H	G	H	V
S	R	F	D	C	X	A	C	T	I	V	I	S	T	S
P	O	N	G	R	E	S	S	G	C	A	F	T	N	Z
R	E	B	E	L	S	Z	T	U	I	R	E	R	T	U
O	S	M	L	P	W	S	R	Q	S	A	C	G	R	Q
P	P	S	U	P	R	E	M	E	Q	T	Q	S	D	I
E	U	Y	U	N	D	E	R	G	R	O	U	N	D	O
R	S	Z	X	C	V	B	L	M	R	O	D	F	S	E
T	N	S	U	S	T	R	I	A	L	N	T	F	C	X
Y	H	L	H	J	N	G	B	M	T	Y	R	E	W	P
O	I	A	Y	A	B	O	L	I	S	H	M	C	X	L
W	E	V	T	W	A	R	D	F	J	K	O	P	L	O
H	F	E	H	J	K	L	I	B	E	R	A	T	O	R
P	D	R	S	C	S	D	R	D	F	T	Y	H	G	A
V	A	Y	D	F	G	H	J	U	Y	T	V	C	X	T
E	F	R	A	N	K	L	I	N	G	F	L	N	M	I
A	T	U	B	O	N	D	A	G	E	Z	N	D	S	O
E	V	O	T	O	P	Y	O	F	E	D	P	W	A	N

Respuestas a la actividad del capítulo 2

Encuentre las siguientes palabras en la sopa de letras que aparece a continuación:

F	R	A	T	E	R	N	A	L						
				A	C	T	I	V	I	S	T	S		
P														
R	E	B	E	L	S									
O														
P														
E			U	N	D	E	R	G	R	O	U	N	D	
R														E
T		S												X
Y		L												P
		A		A	B	O	L	I	S	H				L
		V												O
		E			L	I	B	E	R	A	T	O	R	R
		R												A
		Y												T
		R												I
			B	O	N	D	A	G	E					O
														N

Capítulo 3: Un gobierno en crisis

Varias décadas de política cambiante y compleja allanaron el camino para el histórico conflicto. Conocer a los partidos políticos de la época es clave para entender su papel en el inicio de la guerra.

Andrew Jackson y el Partido Demócrata

Andrew Jackson nació el 15 de marzo de 1767. Cumplió los requisitos para ejercer la abogacía y se estableció en Tennessee, donde trabajó como abogado. Se hizo rico y se convirtió en una importante figura política. Ocupó un puesto en la Cámara de Representantes y estuvo en el Senado durante un breve periodo. También prestó el servicio militar.

El Partido Demócrata Republicano se escindió en 1828. Jackson organizó un nuevo partido que se centraba en limitar el

Retrato de Andrew Jackson[13]

poder del gobierno federal y reforzar el de los gobiernos estatales. Así nació el Partido Demócrata. El partido también estaba en contra de los monopolios y de un banco central fuerte. Favorecía las oportunidades de los individuos frente a los intereses de las grandes empresas. Este Partido Demócrata era diferente del Partido Demócrata actual. En la actualidad, los demócratas quieren un gobierno central más fuerte.

Los demócratas jacksonianos creían en la igualdad de derechos para los hombres blancos y apoyaban firmemente la expansión hacia el oeste. Muchos demócratas eran granjeros, *hombres de frontera* (colonos itinerantes) y plantadores sureños.

Permitiendo votar a todos los hombres blancos, aumentó la participación electoral. Jackson fue elegido en 1828, y su presidencia duró desde 1829 hasta 1837. La democracia jacksoniana hizo cambiar la autoridad del gobierno. La gente corriente (es decir, los varones blancos de clase media) tenía más voz en la gestión del país.

A continuación, se examinan algunas de las principales medidas adoptadas durante la presidencia de Jackson.

La democracia jacksoniana en acción

Jackson puso en marcha el sistema de botín. Se trataba de un proceso en el que los partidarios leales eran recompensados con puestos en el gobierno. La Ley de Traslado de Indios, de 1830, fue otra medida adoptada por Jackson. Esta ley permitió al gobierno obligar a las tribus de nativos americanos a abandonar sus hogares y trasladarse a zonas designadas.

La época de Jackson como presidente incluyó importantes batallas políticas, entre ellas la crisis de anulación, que comenzó con el Arancel de 1828, que imponía altos impuestos a los bienes importados. Esto ayudó a los fabricantes del Norte, pero perjudicó a la economía del Sur. Indignada, Carolina del Sur aprobó la Ordenanza de Anulación en 1832. Esta *ordenanza* anuló los aranceles de 1828 y 1832 dentro del estado. (Una ordenanza es un tipo de ley o norma elaborada por un poder legislativo).

Jackson estaba furioso y lo calificó de acto de traición. La Ley de la Fuerza fue aprobada en 1833. Autorizaba al presidente a utilizar la fuerza militar para cobrar aranceles en Carolina del Sur. También se hizo una *concesión* con el Arancel de Compromiso de 1833, que garantizaba una reducción del arancel durante un periodo determinado. Carolina del Sur aceptó y la crisis se resolvió antes de que el gobierno cambiara.

La guerra de los bancos tuvo lugar durante el mandato de Jackson, que creía que el Segundo Banco de EE. UU. era demasiado poderoso. Estaba controlado por élites adineradas y era inestable. El presidente provocó el cierre de esta institución financiera. La imagen de Jackson como defensor del hombre común se vio impulsada por esta decisión.

Otra medida representativa de Jackson fue impedir que la gente comprara grandes cantidades de tierra en poco tiempo para venderla más tarde y obtener beneficios. Lo hizo estableciendo una norma según la cual las tierras del gobierno se debían pagar con monedas de oro o plata, no con papel moneda.

Jackson murió en su casa de Tennessee el 8 de junio de 1845.

El Partido Whig

Los políticos que estaban en contra del estilo de liderazgo autocrático de Jackson planearon e iniciaron un nuevo partido en 1834, el Partido Whig. Este partido pretendía limitar el poder presidencial. Los *whigs* estaban a favor de un gobierno federal fuerte. Apoyaban los aranceles, las mejoras de las infraestructuras y un banco nacional para impulsar la economía de la nación.

El partido empezó a tener problemas en la década de 1850. Sus miembros eran incapaces de ponerse de acuerdo sobre lo que debían hacer con respecto a la esclavitud. Para 1856, la mayoría de los *whigs* del Norte se habían unido al recién formado Partido Republicano. No mucho después de esto, el Partido Whig se disolvió.

El Partido del Suelo Libre

El Partido del Suelo Libre se formó en 1848. Reclamaba tierras libres para los colonos. Los partidarios de este movimiento presionaban para acabar con la esclavitud, porque representaba una competencia no deseada para los trabajadores blancos asalariados.

Este partido se fusionó con el Partido Republicano en 1854.

El Partido Republicano

El Partido Republicano se formó inmediatamente después de que entrara en vigor la Ley Kansas-Nebraska. El partido era una *coalición* (alianza) de varios grupos que se oponían a la expansión de la esclavitud. El partido estaba firmemente en contra del concepto de soberanía popular, pues creía que provocaba la expansión de la esclavitud. Entre los miembros del partido había antiguos *whigs*, *free-soilers* y ex demócratas antiesclavistas.

Tierra libre, mano de obra libre, hombres libres

La ideología (punto de vista) central del Partido Republicano se recoge totalmente en la frase «tierra libre, mano de obra libre, hombres libres».[i] Este lema definió al partido y su papel en la nación durante las décadas venideras. A continuación, una explicación de lo que significa cada uno de los puntos:

- **Suelo libre:** Los republicanos creían que los territorios occidentales debían reservarse a los agricultores y trabajadores blancos sin competencia de mano de obra esclava. Se trataba de una preocupación económica práctica, además de una postura moral.

- **Trabajo libre:** Este término impulsaba la idea de que los trabajadores blancos debían ser libres de elegir sus propios empleos y empleadores. Esto, a su vez, garantizaba la no intromisión de la aristocracia esclavista.

- **Hombres libres:** Esta era una declaración más amplia. Trataba del compromiso del Partido Republicano con la libertad individual y la igualdad. Aunque se refería principalmente a los hombres blancos, sentó las bases para futuros argumentos a favor de los derechos civiles universales.

El partido creció rápidamente, la gente se unió en masa, sobre todo en los estados del norte. El partido atraía a una amplia base, que incluía a trabajadores urbanos, votantes de clase media y hombres de negocios. Sorprendentemente, incluso algunos granjeros lo apoyaron.

Proteger la Unión era de suma importancia para este partido. Esto significaba mantener a EE. UU. como una única nación. Varios estados sureños querían formar su propio país, impulsando un proceso llamado *secesión* (separación).

Había algunas otras cuestiones que ocupaban un lugar central. El Partido Republicano estaba orientado a modernizar la economía con proyectos como el desarrollo del ferrocarril. También estaban comprometidos con la expansión de la educación pública. Muchos republicanos participaban activamente en el movimiento antialcohólico, pues creían que el consumo de alcohol era una de las principales causas

---

[i] Foner, E. (1995). *Free Soil, Free Labor, Free Men: La Ideología del Partido Republicano antes de la Guerra Civil.* Oxford University Press. Pág. 23.

de la pobreza, la delincuencia y la violencia doméstica. El movimiento pretendía reducir el consumo y la venta de bebidas alcohólicas.

Abraham Lincoln como abanderado

Presentándose a la presidencia como candidato republicano, Lincoln fue un candidato fuerte en la campaña electoral de 1860. ¿Por qué era la primera opción del partido? A continuación, podrá entenderlo conociendo su trayectoria, desde sus humildes comienzos hasta su ascenso como hombre influyente y poderoso.

Lincoln nació en el condado de Hardin, Kentucky, en 1809. Thomas Lincoln, su padre, era un hombre de frontera. Trasladaba constantemente a su familia en busca de una vida mejor. Varios hermanos de Lincoln murieron por enfermedades y la granja familiar no era suficiente para mantener a la familia. Lincoln tenía que trabajar muchas horas en la granja, y más tarde como tendero y barquero, para ayudar a mantener a su familia. Fue un hombre autodidacta en su mayor parte, tuvo poca educación formal y aprendió principalmente leyendo libros.

Después de muchos empleos, se convirtió en abogado en Illinois. Lincoln comenzó su vida como político en el Partido Whig, ocupando un cargo en la Asamblea General de Illinois. De 1847 a 1849, Lincoln fue congresista por Illinois. Durante el tiempo que ocupó este cargo, se opuso a la guerra mexicano-estadounidense. Tras su mandato, regresó a Illinois para seguir ejerciendo la abogacía. Se hizo popular por su honradez y habilidad en los tribunales.

Retrato de Abraham Lincoln[14]

Durante sus debates con Stephen A. Douglas, Lincoln ganó fama debido a sus excepcionales habilidades como orador público. Douglas era senador demócrata por Illinois. Los debates tuvieron lugar durante las elecciones al Senado por Illinois en 1858.

Lincoln se presentó a las elecciones presidenciales de 1860. Mantuvo un punto de vista intermedio sobre la esclavitud, lo cual le ayudó a conseguir popularidad entre una base de votantes más amplia. Contar con un fuerte apoyo de los abolicionistas, los *free soilers* y otros grupos antiesclavistas le dio sin duda una ventaja.

El plan para presentar la imagen pública de Lincoln fue brillante. Se mostró como un hombre hecho a sí mismo, lo que tocó la fibra sensible de muchos votantes. Lincoln tenía unas habilidades políticas excepcionales y realizó una gran campaña.

Hannibal Hamlin

Hamlin nació en Maine, en 1809. Tuvo éxito como abogado y más tarde trabajó en la Cámara de Representantes de EE. UU., entre 1843 y 1847. Sirvió en el Senado estadounidense durante varios mandatos, siendo elegido por primera vez en 1848. Hamlin se opuso firmemente a la esclavitud, razón por la cual abandonó el Partido Demócrata y se unió a los republicanos.

En 1857, Hamlin tuvo un breve periodo como gobernador de Maine, pero regresó al Senado. Para equilibrar la propuesta en las elecciones de 1860, Lincoln eligió a Hamlin para que se presentara junto a

Retrato de Hannibal Hamlin[15]

él. A continuación, algunas de las razones por las que presentar a estos dos hombres como fórmula fue una gran jugada:

1. Cubrían una sección más amplia del país. Lincoln era el favorito en Illinois, y Hamlin era popular en el noreste, con muchos seguidores en Maine.

2. Lincoln era un antiguo *whig*, y Hamlin un antiguo demócrata. Esto les hacía atractivos para un amplio abanico de personas.

3. Hamlin tenía una amplia experiencia política, lo que ayudó a equilibrar la corta carrera política de Lincoln.

Hamlin fue vicepresidente de 1861 a 1865, durante el primer mandato de Lincoln. Tras su vicepresidencia, continuó activo en política. Incluso sirvió otro mandato en el Senado. Hamlin murió el 4 de julio de 1891, en Bangor, Maine. Falleció de un ataque al corazón mientras jugaba a las cartas en el Tarratine Club (un club social).

La fractura del Partido Demócrata

El Partido demócrata sufrió una fractura inusual, razón por la que estaba debilitado cuando llegaron las elecciones presidenciales de 1860. Pero antes de entrar en la elección, es importante comprender las divisiones que había entre los dirigentes demócratas.

Las cosas llegaron a un punto crítico en la Convención Demócrata de 1860, en Charleston, Carolina del Sur. Incapaz de ponerse de acuerdo sobre la esclavitud, el Partido Demócrata se dividió en dos, por lo que se celebraron dos convenciones separadas, que nominaron a candidatos diferentes. ¿Cómo afrontó esto el Partido Demócrata?

El partido decidió que los votos se dividieran entre los dos candidatos, sobre todo en los estados indecisos, que eran clave. ¿Qué son los estados indecisos? Son estados en los que el resultado es incierto y en los que puede ganar cualquiera de los principales candidatos. Entre los estados indecisos en los que la competición fue intensa en estas elecciones se encontraban Illinois, Indiana y Pensilvania.

Los seguidores del partido en el Norte estaban liderados por Stephen A. Douglas. Apoyaban la libertad de las regiones de elegir por sí mismas sobre el tema de la esclavitud. Los demócratas del Sur estaban liderados por John C. Breckinridge, y exigían que la esclavitud fuera protegida por el gobierno federal.

El Partido de la Unión Constitucional

A mediados del siglo XIX, antiguos *whigs* y *know-nothings* formaron el Partido de la Unión Constitucional, cuyo objetivo era evitar que el país se dividiera a causa de la esclavitud. *Los Know-Nothings*, que estuvieron activos en las décadas de 1840 y 1850, eran antiinmigrantes y reservados. Cuando se les preguntaba por sus actividades, solían afirmar que «no sabían nada».

John Bell era el candidato a la presidencia del Partido de la Unión Constitucional, y apoyaba firmemente la Unión y la protección de la Constitución. Este partido no tenía ninguna opinión sobre la esclavitud. Hacía un llamamiento a los votantes moderados, que no estaban satisfechos con las posiciones extremas de ninguno de los dos partidos principales. La campaña de Bell hacía hincapié en la unidad nacional y en el imperio de la ley.

Bell ganó tres estados en el sur, mostrando cierto apoyo a un enfoque intermedio. Sin embargo, el éxito del partido duró poco. Se disolvió rápidamente tras las elecciones, a medida que la nación avanzaba hacia la guerra.

Las elecciones de 1860 y sus controversias

En las elecciones presidenciales de 1860, los candidatos se centraron en diferentes temas, lo que hizo que sus campañas fueran controvertidas. El gran interés y lo mucho que estaba en juego propiciaron una participación electoral mucho mayor.

Lincoln obtuvo 180 votos electorales, aunque no alcanzó el 40 % del voto popular. La victoria de Lincoln, el 6 de noviembre de 1860, se debió en gran medida a su éxito en los estados del Norte, que tenían más votos electorales. Así, se convirtió en el décimo sexto presidente del país. Sin embargo, se avecinaban problemas.

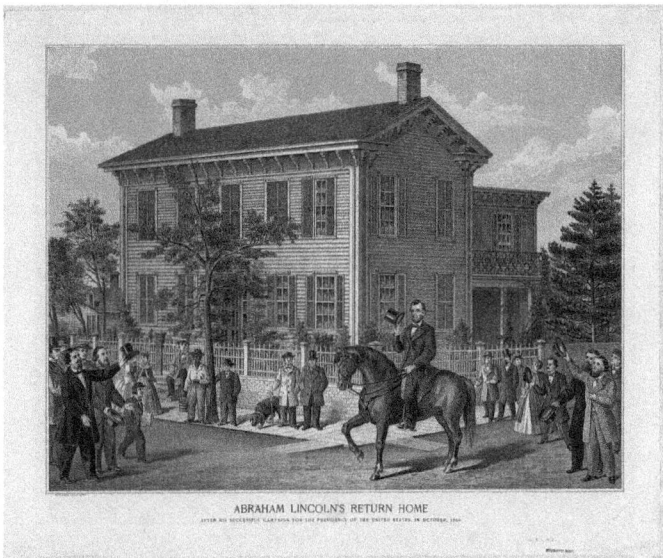

ABRAHAM LINCOLN'S RETURN HOME

Imagen que representa a Lincoln regresando a casa tras ganar las elecciones presidenciales de 1860[16]

¿Cree que este resultado electoral provocó la guerra? Sin duda fue un detonante. Sin embargo, había muchas tensiones antiguas. Muchos historiadores coinciden en que la guerra civil era inevitable. Superar pacíficamente las diferencias arraigadas e *irreconciliables* (opuestas) entre el Norte y el Sur parecía demasiado difícil.

Llegados a este punto, es importante recalcar que la victoria de Lincoln tuvo un alto precio. Tras la elección, siete estados del Sur se separaron de la Unión. Esto ocurrió antes de la toma de posesión de Lincoln el 4 de marzo de 1861. La secesión fue solo el principio de lo que estaba a punto de desencadenarse.

En el próximo capítulo se aborda todo sobre la secesión. Antes de eso, ¡es hora de completar la actividad de este capítulo!

Actividad del capítulo 3

Complete las siguientes frases siguientes insertando las palabras correctas en los espacios en blanco.

1. En 1834, se creó el Partido _____ en oposición al estilo de liderazgo del presidente _____.

2. El Partido Republicano incluía a antiguos miembros del Partido _____, a los *free-soilers* y a demócratas que eran _____.

3. El movimiento _____ tenía como objetivo reducir la venta y el consumo de bebidas _____.

4. De _____ a _____, Lincoln fue congresista estadounidense por Illinois.

5. Durante la contienda al _____ por Illinois en _____, Lincoln debatió contra Stephen A. Douglas.

6. _____ fue vicepresidente durante el primer mandato de Lincoln, de _____ a _____.

7. La división del Partido Demócrata hizo que _____ liderara a los demócratas del norte y _____ a los demócratas del sur en las elecciones presidenciales de 1860.

8. Tras ganar las elecciones en 1860, Lincoln se convirtió en el_____ presidente de EE. UU.

Respuestas a la actividad del capítulo 3

Complete las siguientes frases siguientes insertando las palabras correctas en los espacios en blanco.

1. En 1834, se creó el Partido **Whig,** en oposición al estilo de liderazgo del presidente **Andrew Jackson.**

2. El Partido Republicano incluía a antiguos miembros del Partido **Whig,** a los *free-soilers* y a demócratas que eran **contrarios a la esclavitud.**

3. El movimiento **antialcohólico** tenía como objetivo reducir la venta y el consumo de bebidas **alcohólicas.**

4. De **1847** a **1849,** Lincoln fue congresista estadounidense por Illinois.

5. Durante la contienda al **Senado** por Illinois en **1858,** Lincoln debatió contra Stephen A. Douglas.

6. **Hannibal Hamlin** fue vicepresidente durante el primer mandato de Lincoln, de **1861** a **1865.**

7. La división del Partido Demócrata hizo que **Stephen A. Douglas** liderara a los demócratas del norte y **John C. Breckinridge** a los demócratas del sur en las elecciones presidenciales de 1860.

8. Tras ganar las elecciones en 1860, Lincoln se convirtió en el **decimosexto** presidente de EE. UU.

Capítulo 4: La secesión desencadena la guerra

El resultado de las elecciones convirtió la secesión en una realidad. Decididos a mantener intacto su modo de vida y a defender su derecho a la esclavitud, los estados del Sur no perdieron tiempo para formar una nueva nación. Como fichas de dominó, estos estados abandonaron la Unión uno tras otro.

Es muy importante comprender cuáles fueron los factores que determinaron la decisión de cada estado.

La secesión de los estados del Sur en los prolegómenos de la guerra civil

En diciembre de 1860, Carolina del Sur celebró una convención estatal. Los delegados discutieron seriamente si seguir adelante o retirarse de la Unión. El 20 de diciembre de 1860, la convención votó la Ordenanza de Secesión por unanimidad y estableció un gobierno provisional.

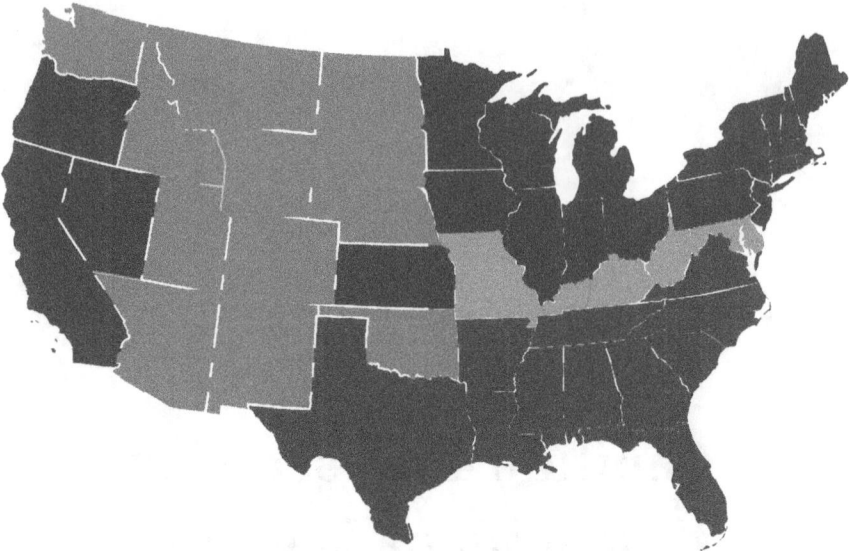

Mapa de los Estados Unidos de América y los Estados Confederados de América en 1861. Los dos estados rojos más septentrionales del mapa son Virginia y Virginia Occidental. En 1861, eran un solo estado. Virginia pasó a formar parte de la Confederación en 1861. Sin embargo, en 1863, parte del estado se dividió por la cuestión de la esclavitud y se formó un estado separado, Virginia Occidental. Virginia Occidental se convirtió en un estado fronterizo y no formó parte de la Confederación tras su formación[17]

Esta ordenanza declaró a Carolina del Sur estado independiente. El gobierno federal consideró que esta medida era ilegal e inconstitucional. La ordenanza exponía varias razones para la secesión, que incluían la violación de los derechos de los estados, la interferencia del gobierno federal con la institución de la esclavitud y la elección de Lincoln.

Estas razones fueron utilizadas por todos los estados que se separaron. A continuación, se presenta el orden en que se separaron:

1. Misisipi no tardó en seguir los pasos de Carolina del Sur, votando a favor de la secesión el 9 de enero de 1861.

2. Florida se separó el 10 de enero de 1861.

3. Alabama se unió al movimiento de secesión el 11 de enero de 1861.

4. Georgia declaró la secesión el 19 de enero de 1861.

5. Luisiana se separó el 26 de enero de 1861.

6. Texas votó a favor de la secesión el 1 de febrero de 1861.

A principios de febrero, siete estados se habían separado. El 4 de febrero de 1861, varios delegados de estos estados se reunieron en

Montgomery, Alabama, y formaron los Estados Confederados de América.

En esta convención, Jefferson Davis, antiguo senador estadounidense por Misisipi, fue elegido como presidente provisional de la Confederación. Lincoln se negó a reconocer a la Confederación y prometió preservar la Unión. Puede aprender más sobre Jefferson Davis en el capítulo 9, ¡así que siga leyendo!

Bandera de los Estados Confederados de 1861 a 1863[18]

El ataque al fuerte Sumter

El fuerte Sumter estaba situado en Charleston, Carolina del Sur. Era una guarnición federal que había sido bloqueada por las fuerzas confederadas desde la secesión del estado. En abril de 1861, el general confederado P. G. T. Beauregard exigió la rendición de fuerte Sumter. El mayor federal Robert Anderson, comandante del fuerte, se negó.

El 12 de abril de 1861, la artillería confederada abrió fuego contra el fuerte, iniciando un bombardeo que duró treinta y cuatro horas. Los dirigentes federales del fuerte Sumter estaban en inferioridad numérica y de armamento. Después de que se hubieran producido daños importantes, el comandante Anderson rindió el fuerte, el 13 de abril de 1861. Nadie murió en el ataque.

Cuadro que representa el ataque al fuerte Sumter[19]

El ataque obligó a Lincoln a tomar medidas decisivas. Convocó a setenta y cinco mil voluntarios para unirse a la causa y detener la rebelión. Muchos en el Sur vieron esto como un ataque, y más estados se retiraron de la Unión.

- **Virginia** se fue el 17 de abril de 1861.

- **Carolina del Norte** se separó el 20 de mayo.

- **Arkansas** votó a favor de la secesión el 6 de mayo.

- **Tennessee** abandonó la Unión el 8 de junio.

La Unión contra la Confederación

La guerra que enfrentaba al Norte y al Sur estaba en marcha. ¿Cuáles eran las estrategias de cada bando?

- **La estrategia de la Unión**

La estrategia de la Unión era ofensiva. La Unión tenía una armada mucho mayor y más poderosa, por lo que bloquear los puertos confederados no era difícil. Si la Unión conseguía esto, aseguraría el control de los mares. El Plan Anaconda de la Unión consistía en bloquear los puertos del Sur para cortar el comercio e impedir que los confederados exportaran algodón e importaran bienes esenciales, paralizando la economía del enemigo.

Otra parte del plan consistía en hacerse con el control del río Misisipi para dividir a la Confederación. Este plan recibió su nombre de una serpiente que aprieta a sus presas hasta matarlas, que era lo que la Unión pretendía hacer con los confederados.

La Unión tenía una población mucho mayor, lo que hizo posible la movilización de un ejército más numeroso. Además, controlaban la mayor parte de las industrias del país, lo que les daba ventaja sobre el Sur a la hora de fabricar armas, municiones y suministros.

El plan más amplio incluía un enfoque de guerra total. Esto implicaba poner al enemigo fuera de combate, atacando a sus ejércitos y a la infraestructura que sustentaba su economía.

El rápido movimiento de tropas y suministros era mucho más fácil para el Norte, debido a su red ferroviaria más extensa.

• La estrategia confederada

Los confederados planeaban evitar las batallas a gran escala, ya que podían provocar grandes pérdidas. En su lugar, buscaron enfrentamientos más pequeños para debilitar gradualmente al enemigo. Esperaban que, prolongando la guerra, el enemigo se desgastara.

La Confederación luchaba en su propio territorio. Esto supuso una gran ventaja, ya que mantuvieron intactas sus líneas de suministro. Además, los confederados conocían mucho mejor su territorio que la Unión. Los soldados confederados estaban muy motivados por la creencia de que luchaban para defender su modo de vida y su patria.

Las hábiles unidades de caballería eran muy valiosas para las incursiones y la exploración, y la Confederación era conocida por tener excelentes unidades. La estrategia defensiva del Sur se basaba en usar fortificaciones y barreras naturales para frenar el avance de la Unión.

Foto del uniforme de los confederados[20]

Algo que hizo más complicada la guerra civil fue que muchos de los líderes militares de la Unión y de la Confederación habían luchado juntos en la guerra mexicano-estadounidense. Habían formado sólidas relaciones, pero ahora luchaban unos contra otros. Esta guerra también proporcionó a los líderes de la Unión y de la Confederación un buen conocimiento de las tácticas y operaciones bélicas a gran escala.

Los estados fronterizos

Había un grupo de estados que se encontraban en la frontera entre las dos regiones en guerra. Se les conocía como los estados fronterizos e incluían Delaware, Maryland, Kentucky, Misuri y Virginia Occidental. Estos estados controlaban rutas de transporte y recursos clave, como el carbón y el hierro, que eran esenciales para el esfuerzo bélico.

Internamente, estaban muy divididos sobre la cuestión de la esclavitud. Algunos de los condados apoyaban al Norte, mientras que otros apoyaban a la Confederación. Aunque la esclavitud era legal en estos estados, no se unieron a la Confederación, sobre todo porque la Unión los mantenía contentos. La Unión envió tropas para proteger ciudades e infraestructuras clave en los estados fronterizos y les ofreció beneficios económicos para fomentar su lealtad.

Al final, las presiones de la guerra, incluidas las dificultades económicas, la pérdida de vidas y la destrucción de propiedades, hicieron difícil que los estados fronterizos se mantuvieran neutrales. Muchos optaron por permanecer con la Unión, a pesar de sus divisiones internas.

El papel de las potencias extranjeras

Aunque ambas partes intentaron obtener ayuda de la comunidad internacional, la colaboración extranjera fue limitada.

Gran Bretaña se mantuvo neutral durante toda la guerra, a pesar de que muchos británicos simpatizaban con la Confederación. Esta neutralidad estaba influenciada por los intereses económicos de Gran Bretaña y los riesgos potenciales de la guerra.

Francia también se mantuvo neutral. Sin embargo, estableció relaciones diplomáticas con la Confederación, movidos por sus intereses económicos en el algodón y su deseo de expandir su territorio en México.

Rusia proporcionó apoyo diplomático y material a la Unión, reforzando la posición de Estados Unidos en el frente internacional. Este apoyo fue motivado por la competencia de Rusia con Gran Bretaña.

Ambos bandos emplearon barcos corredores para sortear los bloqueos navales y abastecer a sus fuerzas. Los corredores de los confederados son ampliamente conocidos por su papel en el contrabando de mercancías a través de los bloqueos de la Unión. Sin embargo, la Unión tenía su propia flota de corredores, que ayudaban a abastecer a sus tropas. Estos barcos a menudo buscaban refugio en puertos extranjeros y comerciaban con potencias extranjeras, poniendo de relieve el alcance mundial de la guerra de Secesión.

Las potencias europeas estaban preocupadas, incluso se sentían amenazadas, porque una victoria de la Unión podía reforzar a Estados Unidos y establecerlo como potencia mundial. Esta preocupación estaba motivada por diversos factores, como el potencial de una mayor competencia económica, un ejército más poderoso y la propagación de los ideales democráticos.

En el próximo capítulo se profundiza en las principales batallas y campañas de la guerra civil estadounidense. ¡Es hora de poner a prueba sus conocimientos en la actividad de este capítulo!

Actividad del capítulo 4

Responda si las siguientes afirmaciones son verdaderas o falsas.

1. Alabama se unió al movimiento de secesión el 21 de enero de 1861, convirtiéndose en el segundo estado en separarse.
2. Carolina del Sur formó un gobierno provisional tras adoptar la Ordenanza de Secesión.
3. El gobierno federal consideró que la Ordenanza de Secesión era inconstitucional e ilegal.
4. El fuerte Sumter era una guarnición federal que había sido bloqueada por las fuerzas confederadas desde la secesión del estado.
5. Los estados fronterizos eran Delaware, Maryland, Kentucky, Misuri y Virginia Occidental.
6. Gran Bretaña proporcionó apoyo militar a la Unión durante la guerra civil.
7. España ayudó a la Confederación, proporcionándole soldados y artillería.
8. Tennessee era un estado fronterizo y no se unió a la Confederación.
9. Jefferson Davis fue elegido presidente de la Confederación en la convención de Alabama.
10. Luisiana se separó el 26 de enero de 1861.

Respuestas a la actividad del capítulo 4

Responda si las siguientes afirmaciones son verdaderas o falsas.

1. Alabama se unió al movimiento de secesión el 21 de enero de 1861, convirtiéndose en el segundo estado en separarse. **Falso.**

2. Carolina del Sur formó un gobierno provisional tras adoptar la Ordenanza de Secesión. **Verdadero.**

3. El gobierno federal consideró que la Ordenanza de Secesión era inconstitucional e ilegal. **Verdadero.**

4. El fuerte Sumter era una guarnición federal que había sido bloqueada por las fuerzas confederadas desde la secesión del estado. **Verdadero.**

5. Los estados fronterizos eran Delaware, Maryland, Kentucky, Misuri y Virginia Occidental. **Verdadero.**

6. Gran Bretaña proporcionó apoyo militar a la Unión durante la guerra civil **Falso.**

7. España ayudó a la Confederación, proporcionándole soldados y artillería. **Falso.**

8. Tennessee era un estado fronterizo y no se unió a la Confederación. **Falso.**

9. Jefferson Davis fue elegido presidente de la Confederación en la convención de Alabama. **Verdadero.**

10. Luisiana se separó el 26 de enero de 1861. **Verdadero.**

Capítulo 5: El teatro del este

La palabra «teatro» en el nombre «teatro del este» se refiere a una amplia zona geográfica, donde se desarrollaron las operaciones militares durante la guerra civil estadounidense.

El teatro del este se extendía por Virginia, Maryland, Pensilvania y partes de Carolina del Norte y Tennessee. ¿Qué hacía que esta zona fuera tan importante? Estaba cerca de la capital de la nación, Washington DC, y garantizaba el control de varios canales de transporte vitales.

El ejército del Potomac

El ejército del Potomac se formó en 1861 y estaba formado principalmente por tropas de los estados del noreste. Era el principal ejército de la Unión. El general Winfield Scott, un veterano de la guerra mexicano-estadounidense, estuvo al mando al principio. Sin embargo, lo sustituyeron debido a su avanzada edad. A sus setenta y cinco años, seguía siendo un líder brillante, pero estaba físicamente incapacitado para dirigir tropas en combate.

Cuadro que representa al ejército del Potomac[21]

La primera batalla de Bull Run

El general Irvin McDowell tomó el mando, dirigiendo a las fuerzas de la Unión en la primera batalla de Bull Run. También se la conoce como la primera batalla de Manassas, ya que tuvo lugar justo al norte de esta ciudad. Ocurrió el 21 de julio de 1861, en un terreno accidentado, entre matorrales y espacios abiertos. El general Beauregard cargó con sus fuerzas confederadas contra la Unión en el condado de Prince William, Virginia.

El nudo ferroviario de Manassas era importante porque permitía el rápido movimiento de tropas y suministros. Esto ayudó a los confederados, dirigidos por el general Joseph E. Johnston, ya que recibían suministros por tren. El ejército de la Unión avanzó. Sin embargo, con el general Thomas «Stonewall» Jackson al mando, los confederados contraatacaron.

BATTLE OF BULL RUN.

Cuadro que representa la brutal primera batalla de Bull Run[22]

Curiosamente, fue durante esta batalla cuando Jackson se ganó su apodo de «stonewall» (muro de piedra). El general confederado Barnard E. Bee Jr. observó que la brigada de Jackson se mantenía firme ante un fuerte asalto de la Unión. Bee Jr. gritó: «¡Ahí está Jackson, como un muro de piedra!». Esta sólida defensa detuvo a las fuerzas de la Unión, que tuvieron que retroceder y regresar a Washington, DC.

Retrato del general confederado «Stonewall» Jackson[23]

Muchos civiles, incluidos senadores y congresistas, habían acompañado al ejército de la Unión para presenciar la batalla. Era casi como ir a ver un espectáculo. Terminaron huyendo, presas del pánico.

Fue una derrota vergonzosa para la Unión. McDowell fue destituido poco después. Las estimaciones sugieren que las *bajas de* la Unión fueron aproximadamente 2.800, mientras que las de la Confederación, 1.800. (Las bajas se refieren a civiles o miembros del ejército muertos, heridos o capturados).

Lincoln entró en acción, llamando a cincuenta mil soldados voluntarios adicionales. Nombró al general George B. McClellan como nuevo jefe del ejército. McClellan reestructuró completamente el ejército, realizando importantes reformas y cambios. Dedicó mucho tiempo y energía a mejorar el entrenamiento, la disciplina y la confianza de las tropas.

El primer choque naval de la guerra civil

Esta guerra también incluyó ataques navales. La guerra de Secesión fue la primera en la que se utilizaron acorazados de hierro. A diferencia de los buques de guerra utilizados hasta entonces, los acorazados de guerra podían bloquear la mayoría de los cañonazos enemigos por su diseño, que incluía un pesado blindaje de hierro.

Los acorazados de hierro estaban equipados con cañones pesados para disparar a los barcos enemigos, y su pesada construcción los hacía estables en mares agitados. Sin embargo, eran más lentos que otros buques de guerra. Era muy caro construirlos y su gran peso los ralentizaba.

La batalla de Hampton Roads comenzó el 8 de marzo de 1862. El primer día, el acorazado confederado CSS Virginia hundió al buque de madera de la Unión USS Cumberland. El USS Congress también resultó dañado y encalló, prendido en llamas. Este no fue un buen resultado para la Unión.

Sin embargo, las fuerzas de la Unión dieron un paso al frente y enviaron su acorazado de diseño revolucionario USS Monitor al día siguiente, el 9 de marzo. Afortunadamente para ellos, consiguieron evitar daños mayores. La batalla terminó ese mismo día sin un claro vencedor.

Imagen que representa la encarnizada batalla de Hampton Roads[24]

La campaña de la Península

De vuelta a tierra, en marzo de 1862, McClellan lanzó la campaña de la Península, desplazando tropas por la península del río York. Esta operación formaba parte de un audaz plan para capturar Richmond, el cuartel general confederado. La poderosa fuerza naval de la Unión controlaba las vías fluviales que conducían a la región.

Avanzar hacia Richmond no fue fácil. Del 25 de junio al 1 de julio de 1862, se sucedieron feroces batallas, conocidas como las batallas de los Siete Días. Se ganaron su nombre porque duraron siete días seguidos. Durante este periodo, el general confederado Robert E. Lee, que mandaba el ejército del norte de Virginia, lanzó una serie de ataques agresivos, empezando por la batalla de Oak Grove y continuando con los enfrentamientos de Beaver Dam Creek, Gaines' Mill y Savage's Station. Cada enfrentamiento hacía retroceder más a las fuerzas de la Unión. Para cuando llegaron a Malvern Hill, las tropas de la Unión se vieron obligadas a adoptar una posición defensiva, porque habían sufrido grandes bajas.

Retroceder era la única opción para las tropas de McClellan. Lee protegió Richmond.

El estilo de liderazgo de McClellan fue cuestionado, por ser cauteloso e indeciso durante la campaña de la Península. Sus decisiones dejaron frustrados a Lincoln y a otros oficiales de la Unión. McClellan fue apartado temporalmente del mando y sustituido por el general John Pope.

La segunda batalla de Bull Run

La siguiente gran batalla tuvo lugar en Manassas y duró del 28 de agosto al 30 de agosto de 1862. Se conoce como la segunda batalla de Bull Run. El general Lee comandaba las fuerzas confederadas, mientras que las tropas de la Unión estaban dirigidas por el general Pope. Un enfrentamiento en Brawner's Farm, el 28 de agosto de 1862, desencadenó la batalla. Se calcula que el ejército de la Unión superaba en número al ejército confederado en diez mil hombres.

El general confederado Stonewall Jackson colocó a sus tropas en posición defensiva. El 29 de agosto, Pope bombardeó la posición de Jackson. El 30 de agosto, el general confederado James Longstreet y sus hombres se unieron a la batalla. Casas y granjas fueron destruidas, dejando a los lugareños muy afectados. Una vez más, el ejército de la Unión no tuvo más remedio que dar media vuelta y regresar a la capital.

La Unión sufrió unas catorce mil bajas, mientras que los confederados tuvieron alrededor de ocho mil. La falta de éxito de Pope llevó a Lincoln a poner de nuevo a McClellan al mando del ejército. La Unión se reagrupó y reforzó las posiciones más cercanas a Washington.

La campaña de Maryland

La reputación del general Lee se vio muy reforzada por esta última victoria, lo que le empujó a seguir adelante con la campaña de Maryland. El objetivo era invadir el Norte para conseguir suministros y convencer a la opinión pública norteña.

Lee movió su ejército, cruzando el río Potomac hacia Maryland el 4 de septiembre de 1862. Luego, dividió al ejército en cuatro partes para completar la misión.

Un hecho fascinante ocurrió cuando los soldados de la Unión descubrieron la Orden Especial 191 de Lee, que permitió conocer los planes de batalla enemigos a McClellan y constituyó un desastre para Lee. El descubrimiento ayudó a la Unión a ganar el 14 de septiembre, cuando atacaron en South Mountain. Esta zona forma parte de las montañas Blue Ridge, que se extienden por Maryland y Pensilvania. Esta barrera natural separa los valles de Hagerstown y Cumberland de la parte oriental de Maryland.

El 15 de septiembre de 1862, las tropas de Jackson capturaron la guarnición de la Unión en Harpers Ferry, cerca de Sharpsburg. Harpers Ferry, un pequeño pueblo de Virginia Occidental, está en el lugar donde se unen los ríos Shenandoah y Potomac. Lee ordenó al general Jackson que se reuniera con el ejército principal, posicionado cerca del arroyo Antietam. Lo hizo como preparación para el siguiente ataque. Tras la llegada de Jackson, unieron sus fuerzas.

El general de la Unión George B. McClellan se enteró de los planes de Lee a través de la Orden Especial 191, así que movió sus unidades para cortar el paso a los confederados. El 16 de septiembre comenzaron las escaramuzas cerca de Antietam Creek, en las afueras de Sharpsburg.

La batalla de Antietam

La campaña culminó en la batalla de Antietam, el 17 de septiembre de 1862. Es considerada por muchos historiadores como la peor batalla de un día de Estados Unidos. Las estimaciones de bajas llegan hasta veintitrés mil.

Aquella mañana, la Unión golpeó el flanco izquierdo de su rival, produciendo importantes combates, incluso en los maizales cercanos a la iglesia de Dunker. Durante casi cuatro horas, los dos bandos lucharon en un camino muy transitado y desgastado que desde entonces se conoce como «*bloody lane*» (camino sangriento).

El puente sobre el arroyo Antietam estaba sólidamente custodiado, lo que dificultaba el cruce a los soldados del general de la Unión Ambrose Burnside. La división del general confederado A. P. Hill había viajado desde Harpers Ferry y se reunió con el grupo esa tarde. La batalla terminó sin un claro vencedor, pero impidió que Lee se adentrara en territorio norteño. No tuvo más remedio que regresar a Virginia. La Unión sintió que había ganado al obligar a los confederados a retroceder.

Cuadro que representa la intensa batalla de Antietam[25]

Consecuencias fuera del campo de batalla

1. **Proclamación de Emancipación:** La actuación de la Unión en Antietam fue la buena noticia que Lincoln estaba esperando, así que hizo pública la Proclamación de Emancipación el 22 de septiembre de 1862. En ella, se declaraba que todos los esclavizados en la Confederación serían libres a partir del 1 de enero de 1863. Cambió el enfoque de la guerra para poner la prohibición de la esclavitud como bandera principal de la Unión.

2. **Impacto diplomático:** El éxito estratégico de la Unión en Antietam hizo que las potencias europeas, en particular Gran Bretaña y Francia, estuvieran menos dispuestas a aceptar a la Confederación. La batalla demostró que la Unión podía hacer frente a los avances confederados, reduciendo la probabilidad de que el Sur obtuviera ayuda extranjera.

3. **Acontecimientos políticos:** La batalla influyó en las elecciones de mitad de mandato de 1862 en el Norte. Ayudó a disminuir el creciente cansancio de la guerra y las críticas a la administración de Lincoln.

4. **Percepción pública:** Las fotografías tomadas durante esta batalla por Alexander Gardner y otros fueron ampliamente difundidas. Estas pruebas visuales del costo humano de la guerra influyeron en la opinión pública.

5. **Moral de la Unión:** La capacidad de la Unión para hacer retroceder a las tropas de Lee renovó la determinación del Norte de continuar con la guerra. Aumentó la moral de los militares y de los civiles. La gente creía que la Unión podría mantenerse fuerte a largo plazo.

McClellan fue destituido en noviembre de 1862, sobre todo porque no tomaba decisiones claras y a menudo evitaba enviar a sus tropas al combate. El general Ambrose Burnside se convirtió en el nuevo jefe del ejército del Potomac.

La batalla de Fredericksburg

La batalla de Fredericksburg tuvo lugar en Virginia. El ejército de la Unión intentaba utilizar puentes flotantes para avanzar sobre el río Rappahannock, en la parte oriental del estado. La batalla comenzó el 11 de diciembre de 1862 y fue el primer combate en las calles de una ciudad. La mayor parte de la batalla consistió en repetidos asaltos de la Unión a la posición confederada, fuertemente fortificada en Marye's Heights, una saliente estratégica al oeste de Fredericksburg.

Las fuerzas de Lee, en particular las dirigidas por el general James Longstreet, rechazaron eficazmente los ataques de la Unión desde fuertes posiciones defensivas. La batalla se libró bajo frías y duras condiciones invernales, lo que agravó las penurias de los soldados. Los dos bandos se vieron gravemente afectados y perdieron muchos hombres durante este conflicto.

Tras varios días, Burnside ordenó a sus hombres que se retiraran, retrocediendo sobre el río Rappahannock. La batalla terminó con una victoria definitiva de la Confederación el 15 de diciembre. El liderazgo de Burnside fue criticado y el general Joseph Hooker lo sustituyó.

La campaña de Chancellorsville

Hooker comandó la campaña de Chancellorsville. El 30 de abril de 1863, sus soldados lograron cruzar el río Rappahannock y atacaron a los confederados desde el oeste. En un movimiento audaz, Lee dividió a sus hombres y atacó, a pesar de que los superaban en número.

El 2 de mayo el general Stonewall Jackson ejecutó un ataque sorpresa por el flanco derecho de la Unión. Esa misma noche, Jackson recibió un disparo accidental de sus propios hombres. Más tarde murió a causa de sus heridas. Hooker se vio obligado a retirarse. El asalto terminó el 6 de mayo con victoria para los confederados.

El fracaso de Hooker fue mal visto por otros líderes. El general de división Meade lo sustituyó. La campaña de Chancellorsville se considera la mayor victoria de Lee.

La campaña de Gettysburg

El segundo ataque de Lee contra el Norte se conoce como la campaña de Gettysburg. Partiendo el 3 de junio de 1863, las fuerzas de Lee se dirigieron hacia el norte desde Fredericksburg.

La campaña se inició cuando los dos bandos llegaron a Brandy Station. El 9 de junio de 1863, la caballería de la Unión, dirigida por el general Alfred Pleasonton, golpeó inesperadamente a la caballería confederada, al mando del general J. E. B. «Jeb» Stuart. La batalla incluyó ataques en Fleetwood Hill y la iglesia de St. James. Aunque la Unión logró algunos avances, las fuerzas confederadas no retrocedieron.

La Unión no tuvo más remedio que retirarse de la zona. El ejército de Lee se desplazó por el río Potomac, llegando a Maryland a mediados de junio. En Winchester, Virginia, la guarnición de la Unión fue atacada por los confederados desde el 13 de junio hasta el 15 de junio. Los confederados se apoderaron de ella. Los hombres de Lee llegaron a Pensilvania y se trasladaron al río Susquehanna. Los confederados estaban decididos a destruir las cadenas de suministro de la Unión y a abastecerse de provisiones de las granjas y pueblos del Norte.

Lee formó tres cuerpos del ejército. Los líderes elegidos para cada cuerpo fueron los generales James Longstreet, Richard S. Ewell y A. P.

Hill. Harrisburg, la capital del estado de Pensilvania, estaba en peligro.

Hooker fue apartado del mando el 28 de junio y el general Meade volvió a tomar el control de las tropas de la Unión. Viajaron a través de Maryland, acercándose a las tropas de Lee. Los soldados de Lee se dispersaron y reunieron cerca de Gettysburg, Pensilvania. La caballería de la Unión, al mando del general John Buford, llegó a Gettysburg el 30 de junio de 1863.

La batalla de Gettysburg

La batalla comenzó la mañana del 1 de julio, cuando los confederados chocaron con la caballería de la Unión al oeste de la ciudad. Fue un encuentro fortuito. Los ejércitos rivales se encontraban allí al mismo tiempo. Las divisiones confederadas, al mando de los generales Henry Heth y Jubal Early, mantuvieron su rumbo hacia Gettysburg.

A medida que los enfrentamientos se hacían más intensos, ambos ejércitos enviaron refuerzos a la región. La Unión formó una línea defensiva al sur de Gettysburg, en el terreno elevado de Cemetery Hill.

La formación del ejército sirvió como anzuelo en Cemetery Hill, Cemetery Ridge (una colina alta y larga) y Culp's Hill (una colina alta al este). Esto les proporcionó una visión mucho mejor del campo de batalla. El general John Buford logró resistir el combate del enemigo hasta que llegó la infantería de la Unión.

El 2 de julio, Lee atacó los flancos de la Unión, teniendo como objetivo Little Round Top, una pequeña colina redondeada. También hubo conflicto en Devil's Den, una zona rocosa y escarpada. Los soldados de la Unión también fueron bombardeados en Wheatfield y Peach Orchard, donde estaba al mando el coronel Joshua Chamberlain.

Las tropas de Chamberlain defendieron con éxito Little Round Top. Ambos ejércitos perdieron varios hombres cuando se enfrentaron en Devil's Den. La Unión bloqueó los ataques confederados en Culp's Hill.

Cuadro que representa la batalla de Gettysburg[26]

El 3 de julio, Lee ordenó a sus soldados arrollar al enemigo en Cemetery Hill. Este asalto se conoce como la Carga de Pickett, y en él aproximadamente 12.500 soldados confederados se abrieron paso a través de los pastizales a través de un intenso tiroteo de los enemigos. Sin embargo, los soldados de la Unión no retrocedieron.

Regimientos enteros fueron aniquilados durante los combates. Se instalaron hospitales y consultorios improvisados en las praderas. Fue otra batalla sangrienta, que causó aproximadamente 51.000 bajas.

Cuadro que representa la Carga de Pickett[27]

El 4 de julio de 1863, los hombres de Lee se retiraron hacia Virginia. Los ríos crecidos por la lluvia y la persecución de la caballería de la Unión complicaron la retirada confederada, el 5 y el 6 de julio. Aunque el ejército de Meade los perseguía, no hubo combates serios durante esta etapa.

Finalmente, la Unión se impuso en la guerra. La segunda invasión norteña de Lee terminó en fracaso. El ejército de Lee logró regresar sobre el río Potomac el 14 de julio. Entre el 13 y el 31 de julio, los dos ejércitos maniobraron en Virginia. Hubo escaramuzas, pero ningún asalto importante.

En agosto, el ejército de la Unión inició una serie de operaciones en el norte de Virginia, incluida la campaña de Bristoe, para presionar a las fuerzas de Lee. En septiembre, Lee envió refuerzos al teatro del este, debilitando su ejército en Virginia.

En octubre de 1863, Meade y Lee hicieron participar a sus tropas en ingeniosos planes y batallas, incluida la batalla de Bristoe Station, el 14 de octubre. La campaña de Mine Run tuvo lugar en noviembre, con las fuerzas de la Unión intentando golpear al ejército de Lee. La Unión se retiró tras enfrentamientos poco decisivos.

Lincoln pronunció su famoso, aunque notablemente breve, discurso el 19 de noviembre de 1863. Se conoce como el discurso de Gettysburg y fue pronunciado en la dedicación del Cementerio Nacional de Soldados. Solo duró unos dos minutos.

THE GETTYSBURG ADDRESS

DELIVERED
BY
ABRAHAM
LINCOLN
NOV. 19 1863

AT THE
DEDICATION
SERVICES
ON THE
BATTLE FIELD

Fourscore and seven years ago our fathers brought forth on this continent a new nation, conceived in liberty, and dedicated to the proposition that all men are created equal. ★ ★ ★ Now we are engaged in a great civil war, testing whether that nation, or any nation so conceived and so dedicated, can long endure. ★ ★ We are met on a great battle-field of that war. ★ We have come to dedicate a portion of that field as a final resting place for those who here gave their lives that that nation might live. ★ ★ It is altogether fitting and proper that we should do this. ★ ★ But in a larger sense we cannot dedicate, we cannot consecrate, we cannot hallow this ground. ★ The brave men, living and dead, who struggled here, have consecrated it far above our poor power to add or detract. The world will little note, nor long remember, what we say here, but it can never forget what they did here. ★ ★ It is for us, the living, rather to be dedicated here to the unfinished work which they who fought here have thus far so nobly advanced It is rather for us to be here dedicated to the great task remaining before us, that from these honored dead we take increased devotion to that cause for which they gave the last full measure of devotion; ★ that we here highly resolve that these dead shall not have died in vain; that this nation, under God, shall have a new birth of freedom, and that the government of the people, by the people, and for the people, shall not perish from the earth

PUBLISHED AND COPYRIGHT 1905 BY M T SHEAHAN · BOSTON MASS.

Cartel con el famoso discurso de Gettysburg de Lincoln[28]

La proclamación de amnistía de Lincoln y la reconstrucción

Lincoln dio a conocer su plan de reconstrucción el 8 de diciembre de 1863. Fue presentado junto con su tercer mensaje anual al Congreso en la capital de Washington, DC.

Esta proclamación de amnistía y reconstrucción tenía el objetivo de asegurar que los estados secesionistas volvieran a la Unión, haciendo que Estados Unidos volviera a estar completo. Se concedió un indulto total y la restitución de los bienes, sin incluir a los esclavos, a quienes habían participado en la rebelión. Sin embargo, los más altos funcionarios confederados y los líderes militares fueron excluidos de esto.

Los términos incluían un juramento de lealtad a los EE. UU. Debían acatar todas las leyes y proclamaciones federales relativas a la esclavitud para lograr la amnistía. También se incluyó el «Plan del 10 %», que permitía formar un nuevo gobierno estatal cuando el 10 % de los votantes de un estado del Sur hubiera prestado el juramento.

La proclamación mencionaba las leyes existentes, como las leyes de confiscación, que permitían confiscar bienes a los rebeldes. Las leyes de confiscación, que habían sido aprobadas por el Congreso durante la guerra civil, estaban diseñadas para debilitar el esfuerzo bélico confederado, liberando a las personas esclavizadas y confiscando las propiedades utilizadas para apoyar la rebelión. En resumidas cuentas, estas leyes preveían lo siguiente:

- **Ley de Confiscación del 6 de agosto de 1861**: Esta ley autorizaba a la Unión a confiscar bienes, incluidos los esclavos. Esta temprana medida legislativa permitió la libertad de los esclavos que estaban siendo utilizados por la Confederación.

- **Ley de Confiscación del 17 de julio de 1862**: Esta ley fue más agresiva y se aplicó solo en los territorios controlados por la Unión. Amplió el alcance de la confiscación para permitir la incautación de bienes a cualquier partidario o funcionario confederado en un plazo de sesenta días.

En el Congreso, algunos republicanos radicales pensaban que esto era demasiado blando con los estados del Sur. Los republicanos radicales querían que los estados del Sur fueran duramente castigados por su participación en la guerra civil, querían la abolición instantánea de la esclavitud y la igualdad de derechos para los afroamericanos. Sin embargo, otros en el Congreso estaban de acuerdo con estas medidas, porque preferían las políticas menos estrictas del presidente Johnson. El próximo capítulo habla de estos desacuerdos en detalle, ¡así que siga leyendo!

La guerra continúa

En el invierno de 1863 a 1864, ambos ejércitos se atrincheraron en sus cuarteles. En la primavera de 1864, se produjo un cambio positivo para el ejército de la Unión: el general Ulysses S. Grant se convirtió en comandante.

La campaña Overland fue una serie de batallas del ejército de Grant contra las tropas de Lee en Virginia. Comenzó el 4 de mayo de 1864, con el objetivo principal de tomar la capital confederada de Richmond. El ejército del Potomac cruzó el río Rapidan, en el centro-norte de Virginia, adentrándose en el condado de Spotsylvania, una región densamente boscosa. Desde el 5 hasta el 7 de mayo, se produjeron intensos enfrentamientos en los espesos bosques.

Desde el 8 hasta el 21 de mayo, las fuerzas de Grant atacaron repetidamente a los confederados. Hubo grandes pérdidas en ambos bandos. Entre el 23 y el 26 de mayo, las fuerzas de Lee tomaron fuertes posiciones defensivas a lo largo del río Anna Norte, lo que impidió a Grant abrirse paso.

Entre el 31 de mayo y el 12 de junio, Grant lanzó un asalto masivo contra posiciones confederadas bien atrincheradas, que provocó numerosas bajas en la Unión.

Grant llevó a cabo una maniobra estratégica al cruzar el río James. El 15 de junio de 1864, el ejército de Grant atacó los terraplenes confederados al este de Petersburg. En esta etapa, la campaña se convirtió en el asedio de Petersburg. El objetivo era cortar las líneas de suministro confederadas a Richmond.

El asedio hizo que los dos bandos cavaran complejas redes de trincheras y que el conflicto se transformara en una guerra de trincheras. En este tipo de guerra, los soldados cavaban agujeros en el suelo para esconderse de las balas y atacaban desde estos lugares seguros.

El 30 de julio de 1864, las fuerzas de la Unión volaron una mina bajo las líneas confederadas, creando un enorme cráter. Sin embargo, el siguiente asalto de la Unión fracasó. El 21 de agosto de 1864, el importante canal de suministro confederado, el ferrocarril de Weldon, fue tomado por la Unión.

Las campañas del valle

El valle de Shenandoah, en Virginia, era un objetivo importante que la Unión debía destruir, porque era un importante punto de suministro para los confederados. La Unión inició las campañas del valle en mayo de 1864 y se extendieron hasta octubre del mismo año. Inicialmente, los soldados de la Unión estaban dirigidos por el general de división Franz Sigel, mientras que la Confederación estaba bajo el mando del teniente general Jubal Early.

La campaña de Lynchburg fue la primera fase de las campañas del valle. Comenzó el 15 de mayo con la batalla de New Market, donde Sigel fue aniquilado por las tropas del general Breckenridge. Sigel fue sustituido por el general David Hunter, que ganó la batalla de Piedmont, entre el 5 y el 6 de junio. Como resultado, sus hombres tomaron Staunton, Virginia.

Hunter asaltó Lexington y destruyó el Instituto Militar de Virginia. Sin embargo, el general Early logró rechazar su ataque en la batalla de Lynchburg, que duró desde el 17 de hasta el 18 de junio. Hunter y sus tropas se retiraron.

La campaña del valle del teniente general Early

El 19 de junio, el general Early dirigió sus tropas hacia el valle de Shenandoah, en dirección a Maryland. El 9 de julio, cerca de Frederick, Maryland, el ejército del general de la Unión Lew Wallace fue aplastado en la batalla de Monocacy. Sin embargo, consiguieron retrasar el avance de la Confederación hacia Washington, DC.

En las afueras de la capital, las fuerzas de Early libraron la batalla del fuerte Stevens. Sin embargo, fueron rechazadas por los refuerzos de la Unión. Curiosamente, esta batalla fue la única que se libró dentro de los límites de Washington, DC. Esta batalla destaca por la presencia de Lincoln en el campo de batalla. Incluso estuvo bajo el fuego de los francotiradores confederados.

La segunda batalla de Kernstown tuvo lugar el 24 de julio. En ella, Early aseguró el valle de Shenandoah tras vencer a los soldados del general de la Unión George Crook.

El 7 de agosto, el general Philip Sheridan fue nombrado líder de la Unión en el valle de Shenandoah.

Campaña del valle de Sheridan

Las tácticas de Sheridan incluyeron la destrucción de recursos para impedir que los confederados los usaran. Esto se conoce como *táctica de tierra quemada*. Sheridan comenzó con una batalla indecisa en Summit Point, el 21 de agosto de 1864. Sin embargo, la suerte de la Unión cambió con una victoria el 19 de septiembre en la tercera batalla de Winchester. Tras esta batalla, se expulsó con éxito a los confederados de la parte baja del valle de Shenandoah.

Impulsada por este logro, la Unión volvió a ganar el 22 de septiembre en Fisher's Hill. El 9 de octubre, en la batalla de Tom's Brook, la Unión obtuvo un mayor control del valle. El 19 de octubre, Early atacó a la Unión sin previo aviso en Cedar Creek, pero el contraataque de Sheridan fue mucho más fuerte.

Entre diciembre de 1864 y febrero de 1865, los ejércitos sufrieron un duro invierno en sus trincheras, aunque la Unión seguía recibiendo refuerzos y suministros.

La perdición se avecina para el Sur

En marzo de 1865, el ejército de Lee sufría una grave escasez de hombres y suministros. Debían hacer algo. El fuerte Stedman estaba ligeramente custodiado por la Unión y muy cerca de las líneas confederadas. Capturar ese bastión podía ayudar a los confederados a reabastecerse. El general de división John B. Gordon dirigió el asalto confederado antes del amanecer del 25 de marzo.

Los confederados dominaron a la Unión en el fuerte Stedman, tomando las baterías 10, 11 y 12. Las fuerzas de la Unión respondieron rápidamente. El general de división John G. Parke comandó el IX Cuerpo de la Unión en exitosos contraataques. Más de 1.900 soldados confederados fueron capturados durante la batalla. Fue otro duro golpe para el Sur.

Five Forks era un cruce de caminos al sur de Petersburg, en donde confluían cinco carreteras y líneas de suministro clave, por lo que era vital para las operaciones de la Confederación. La Unión quería tomarlo para cortar los suministros de Lee y obligarlo a retirarse.

El 1 de abril, el flanco derecho confederado se derrumbó durante la batalla de Five Forks, y la Unión capturó la zona. Después de esto, Sheridan cortó la principal línea de suministro del ejército de Lee desde la ciudad. Lee y sus hombres abandonaron las líneas defensivas, quedando vulnerables a los ataques.

El 2 de abril de 1865, las fuerzas de la Unión rompieron las líneas confederadas, provocando la caída de Petersburg. El sitio de Petersburg había terminado oficialmente tras 292 días de combate. Richmond también había caído.

Cuadro que representa la dramática caída de Petersburg[89]

Al día siguiente, al anochecer del 2 de abril los confederados abandonaron la ciudad voluntariamente y las tropas de la Unión tomaron el relevo. El ejército de Lee comenzó a retirarse hacia el oeste para reagruparse y reabastecerse en Amelia Court House. Sin embargo, sufrieron retrasos y escasez de suministros.

Mientras tanto, las fuerzas de Grant los perseguían acaloradamente para impedir que unieran fuerzas con el general Johnston en Carolina del Norte. El 6 de abril de 1865, en Sailor's Creek, muchos soldados confederados fueron capturados y asesinados.

Con la esperanza de llegar a Lynchburg para conseguir suministros, Lee continuó avanzando hacia el oeste. El 7 de abril, Grant envió a Lee una carta, instándole a rendirse y evitar más derramamiento de sangre.

Las fuerzas de Lee estaban cansadas y hambrientas. La caballería de la Unión de Sheridan las hostigaba continuamente. El 8 de abril, las fuerzas de la Unión tomaron los trenes de suministros confederados en Appomattox Station. En ese momento, había muy pocas esperanzas de que el ejército de Lee pudiera reabastecerse.

En la mañana del 9 de abril, Lee intentó una escapada final en Appomattox Court House. Sin embargo, una fuerte infantería reforzó a la caballería de la Unión y rápidamente rodearon a las tropas de Lee. Después de reunirse con sus generales y evaluar su posición, Lee decidió rendirse. Envió un mensaje a Grant solicitando una reunión para hablar de las condiciones de la rendición. Esa tarde, Lee y Grant se reunieron en la casa de Wilmer McLean, en Appomattox Court House.

¡Hay una notable coincidencia! En la primera batalla de Bull Run, un proyectil de artillería de la Unión cayó en la cocina de McLean, interrumpiendo una comida familiar. Para escapar de la guerra, McLean trasladó a su familia en 1863. En un giro del destino, la guerra volvió a encontrarlo. A menudo se cita a McLean diciendo: «La guerra empezó en mi jardín delantero y terminó en mi salón principal». Cuenta la leyenda que los soldados de la Unión se llevaron muchos de los enseres domésticos de McLean como recuerdo, dejándole poco más que la casa.

Grant ofreció a los confederados condiciones generosas. Sus soldados podrían regresar a casa con sus posesiones personales, armas cortas y caballos. Lee aceptó. Los soldados confederados fueron puestos en libertad condicional y recibieron raciones de las fuerzas de la Unión. La ceremonia oficial tuvo lugar el 12 de abril de 1865. Incluso después de esta rendición, la guerra continuó durante varios meses.

Boceto que representa la rendición del general Lee[30]

Hay mucho más sobre el final de la guerra en el capítulo 7. Ahora, es el momento de la actividad de este capítulo.

Actividad del capítulo 5

En la siguiente tabla, hay una fecha en la columna de la izquierda. Nombre la batalla histórica correspondiente a cada fecha en la columna de la derecha.

21 de julio de 1861	
8 de marzo de 1862	
28 de agosto al 30 de agosto de 1862	
17 de septiembre de 1862	
11 de diciembre de 1862	
30 de abril al 6 de mayo de 1863	
1 de julio de 1863	
5 al 6 de junio de 1864	
17 al 18 de junio de 1864	
19 de septiembre de 1864	

Respuestas a la actividad del capítulo 5

21 de julio de 1861	Primera batalla de Bull Run
8 de marzo de 1862	Batalla de Hampton Roads
28 de agosto al 30 de agosto de 1862	Segunda batalla de Bull Run
17 de septiembre de 1862	Batalla de Antietam
11 de diciembre de 1862	Batalla de Fredericksburg
30 de abril al 6 de mayo de 1863	Batalla de Chancellorsville.
1 de julio de 1863	Batalla de Gettysburg
5 al 6 de junio de 1864	Batalla de Piamonte
17 al 18 de junio de 1864	Batalla de Lynchburg
19 de septiembre de 1864	Tercera batalla de Winchester

Capítulo 6: El teatro del oeste

Durante la guerra de Secesión, el teatro del oeste estuvo dominado en su mayor parte por la Unión. En esta región había ríos vitales, como el Misisipi, el Tennessee y el Cumberland. Este sector también incluía estados fronterizos y leales a la Confederación.

Varias vías férreas conectaban ciudades clave e instalaciones militares, y la región era un centro agrícola. Naturalmente, el Norte y el Sur lucharon ferozmente por el control de este territorio.

Primeras campañas y batallas del teatro del oeste

En noviembre de 1861, se iniciaron las operaciones de la Unión en el teatro del oeste con la victoria en la batalla de Belmont. En febrero de 1862, la Unión ganó la batalla del fuerte Henry, que dio al Norte el control del río Tennessee. Tomaron el control del río Cumberland tras derrotar a los confederados en el fuerte Donelson, el 16 de febrero. Estas victorias significaron que la Unión podía trasladar tropas y suministros a lo más profundo del territorio confederado, interrumpir las líneas de suministro de la Confederación y aislar al Sur.

Cuadro que representa la batalla del fuerte Donelson[31]

En estas batallas participaron fuerzas navales y terrestres. La Unión estaba mucho mejor equipada para las batallas navales. Utilizaron sobre todo *cañoneros* (pequeñas embarcaciones de poco calado armadas con cañones pesados y fusiles estriados). Las fuerzas confederadas, por su parte, utilizaban embarcaciones civiles adaptadas para uso militar. Se conocían como vapores fluviales. Disponían de un número limitado de cañones de menor potencia, y no tenían más formas de atacar. Eran más grandes y lentos que los cañoneros de la Unión. Sin embargo, podían transportar suministros y apoyar a las fuerzas en tierra.

La campaña de la Unión en el valle del Misisipi

La batalla de Shiloh tuvo lugar cerca de la iglesia de Shiloh, en Tennessee, a orillas del río Tennessee. Esto es lo que ocurrió durante la batalla de dos días. El 6 de abril, las fuerzas confederadas, al mando del general Albert Sidney Johnston, lanzaron un ataque sorpresa contra el campamento de la Unión, bajo el mando de Grant. El general Johnston resultó herido de muerte durante la batalla. Los refuerzos de la Unión llegaron esa misma tarde.

El 7 de abril, las fuerzas de la Unión recuperaron el terreno perdido. Los confederados se retiraron hacia el sur, abandonando sus planes de invadir Kentucky. Este resultó ser un conflicto brutal, con más de veintitrés mil bajas en total.

La campaña siguió adelante y se dirigió a Corinth, Misisipi, que estaba firmemente bajo control confederado. El nudo ferroviario de esta zona conectaba el ferrocarril de Mobile y Ohio con el de Memphis y Charleston. La Unión necesitaba sitiarlo para apoderarse de él. Esta batalla tuvo lugar entre el 29 de abril y el 30 de mayo de 1862.

El general de división, Henry Halleck, comandaba alrededor de 120.000 soldados de la Unión. El ejército de Beauregard solo tenía la mitad de soldados. Las fuerzas de la Unión ganaron terreno lentamente en la ciudad durante el mes siguiente.

A lo largo del asedio, hubo continuos enfrentamientos. El planteamiento de la Unión funcionó. El 29 de mayo, los confederados se retiraron. El 30 de mayo, la Unión tomó la ciudad sin mucha resistencia.

Una importante batalla naval en el teatro del oeste

La batalla de Memphis tuvo lugar el 6 de junio de 1862, en el río Misisipi, al norte de Tennessee. Muchos de los residentes de la ciudad fueron testigos. Las fuerzas de la Unión, compuestas por la flota de cañoneros del oeste y la flota de carneros de los Estados Unidos, se enfrentaron a la flota de defensa fluvial de la Confederación. La flota de la Unión incluía cuatro arietes y cinco acorazados, mientras la flota confederada estaba formada por ocho buques.

Cuadro que representa la batalla de Menfis[82]

La batalla, que duró menos de dos horas, se saldó con una victoria decisiva de la Unión. Todos los barcos confederados, menos uno, fueron hundidos o tomados. Aproximadamente cien soldados confederados resultaron muertos o heridos. Otros 150 fueron hechos prisioneros.

La toma de Memphis, una ciudad confederada clave en el río Misisipi, afectó significativamente la capacidad de la Confederación para defender su territorio.

Al frente de las fuerzas de la Unión estaba el oficial de bandera, Charles H. Davis, y el coronel Charles Ellet. Las fuerzas confederadas estaban comandadas por James E. Montgomery y M. Jeff Thompson. La flota de la Unión incluía acorazados como el USS Louisville, Carondelet, St. Louis y Cairo. En el lado opuesto, la flota confederada incluía buques como el CSS General Beauregard, el CSS General Bragg y el CSS General Sterling Price.

Al mediodía, la ciudad de Memphis se rindió a la autoridad federal tras esta batalla puramente naval, en la que no participaron fuerzas terrestres. El enfrentamiento mostró un gran contraste entre los acorazados de la Unión, equipados con la tecnología más moderna de la época, y los buques confederados, que contaban con armamento más antiguo.

El 30 de agosto de 1862, las fuerzas de la Unión, al mando del general de brigada William H. Lytle, avanzaron hacia el sur de Kentucky. Las fuerzas confederadas, dirigidas por el general de división Kirby Smith, contraatacaron, haciendo retroceder a las fuerzas de la Unión a través del río Kentucky. Esto ocurrió en la batalla de Richmond.

El 8 de octubre de 1862, se produjo otro conflicto sangriento, pero de indeciso ganador cuando las fuerzas confederadas, bajo el mando del general Braxton Bragg, avanzaron hacia Louisville, Kentucky. En la batalla de Perryville, el general de la Unión, Don Carlos Buell, logró contener la invasión, pero debió pagar un alto precio. Sufrió alrededor de cuatro mil bajas. Bragg abandonó Kentucky debido a problemas logísticos y a la posibilidad de que llegaran refuerzos para ayudar a la Unión.

El año terminó con una batalla defensiva de la Unión en el centro de Tennessee. Bragg atacó por sorpresa al ejército del general de la Unión William S. Rosecrans el 31 de diciembre en la batalla de Stones River. El 1 de enero de 1863, las fuerzas de la Unión se recuperaron suficiente terreno como para expulsar a los confederados. Hubo muchas bajas en ambos bandos. La batalla terminó el 2 de enero y los confederados no pudieron tomar el control de la zona.

La campaña de Vicksburg

Al general Grant se le encargó la toma de Vicksburg, un bastión confederado en Misisipi. El general John C. Pemberton dirigía la guarnición confederada en ese lugar. El 18 de mayo de 1863, la campaña alcanzó su punto álgido, cuando Grant y sus hombres rodearon la ciudad. La armada de la Unión estableció un bloqueo en el río Misisipi, impidiendo que llegaran suministros y refuerzos a la guarnición confederada. Los continuos ataques de la artillería pesada de la Unión dañaron las defensas confederadas.

El 2 de julio de 1863, las fuerzas de la Unión lanzaron un asalto final sobre Vicksburg, pero fueron rechazadas por los defensores confederados. A estas alturas, el asedio había causado graves penurias y daños en la moral de los civiles de la ciudad, que habían sufrido una continua escasez de alimentos y suministros. Con todo esto en mente y ante la inevitabilidad de la derrota, los confederados se rindieron el 4 de julio de 1863.

Esta victoria dio a la Unión el control total del río Misisipi y fue un golpe aplastante para la Confederación. Su parte occidental había quedado aislada de su parte oriental.

La batalla de Chickamauga

Del 18 al 20 de septiembre de 1863, tuvo lugar otra importante batalla cerca del arroyo Chickamauga en el sureste de Tennessee y el noroeste de Georgia. Los confederados, dirigidos por Bragg, querían tomar un bastión clave de la Unión en Tennessee, llamado Chattanooga. Atacaron con éxito a los soldados de la Unión en campos y bosques. Tras esta derrota, las tropas de Rosecrans se retiraron a Chattanooga.

BATTLE OF CHICKAMAUGA

Cuadro que representa la feroz batalla de Chickamauga[33]

Los confederados los siguieron de cerca, pero no pudieron mantener el ritmo debido al agotamiento y a la falta de suministros, así que decidieron acampar en las afueras de la ciudad y comenzaron a asediarla poco después.

Campaña de Chattanooga

La campaña de Chattanooga tenía como objetivo romper el asedio confederado en la ciudad, que duró de septiembre a noviembre de 1863. Las cosas sucedieron rápidamente durante esta campaña, porque el tiempo era esencial. A continuación, se repasan los acontecimientos clave tal y como se desarrollaron.

Grant recibió la orden de abandonar Vicksburg el 29 de septiembre. Debía llevarse consigo a veinte mil soldados y dirigirse a Chattanooga para iniciar el asedio. El 16 de octubre, el Departamento de Guerra emitió la Orden General 337, por la que se creaba la División Militar del Misisipi y se ponía a Grant al mando de todas las fuerzas de la Unión en el teatro del oeste.

El 18 de octubre, Rosecrans fue sustituido por el general de división George Henry Thomas. Grant llegó a Chattanooga el 23 de octubre y tomó el mando de las operaciones. Entonces, del 28 al 29 de octubre, las fuerzas de la Unión, bajo el mando del general de división Joseph Hooker, rechazaron un contraataque confederado en la batalla de Wauhatchie. Esto aseguró la «línea *cracker*», que permitió que los suministros llegaran a las asediadas tropas de la Unión.

El 23 de noviembre, cerca de Chattanooga, el ejército de la Unión del Cumberland avanzó desde las fortificaciones de Chattanooga, apoderándose del estratégico terreno elevado de Orchard Knob. Al día siguiente, el ejército del general de división de la Unión, Sherman cruzó el río Tennessee y ocupó el extremo norte de Missionary Ridge. Las tropas de Sherman no se enfrentaron a los confederados este día. Ese mismo 24 de noviembre, los hombres de Hooker expulsaron al enemigo en la batalla de Lookout Mountain.

Missionary Ridge ofrecía una vista y una defensa inmejorable. Bragg llevó allí a sus tropas para buscar al enemigo que se acercaba. La Unión solo mantenía parte de la cresta.

El 25 de noviembre tuvo lugar un ataque bien planeado de la Unión en Missionary Ridge. Sherman atacó el flanco derecho confederado, pero avanzó poco. Mientras tanto, las fuerzas del general de división George

Henry Thomas llegaron a la cima de Missionary Ridge, arrollando al ejército confederado.

A los confederados no les quedó más remedio que retroceder y marcharse, con los soldados de la Unión pisándoles los talones. El 27 de noviembre, todo llegó a su punto culminante en la batalla de Ringgold Gap. Los confederados escaparon, pero el asedio de Chattanooga había terminado oficialmente. Chattanooga se convirtió en una base logística y de suministros vital para la Unión.

Esta victoria de la Unión también facilitó el inicio de la invasión del Sur por parte de la Unión.

La campaña de Atlanta

Tomar Atlanta, Georgia, fue siempre una misión primordial para la Unión. Esta ciudad era un importante centro industrial y de transporte para la Confederación. Para ello, el general Sherman comandaba tres ejércitos: el ejército del Tennessee, el ejército del Cumberland y el ejército del Ohio.

El general confederado Joseph E. Johnston adoptó una estrategia defensiva para frenar el avance enemigo. El 27 de junio de 1864, la Unión inició un bombardeo frontal sobre los bastiones confederados en Kennesaw Mountain y sus alrededores, en el condado de Cobb, al noroeste de Atlanta. La Unión fue prácticamente aplastada.

Tras esta derrota, Sherman se dio cuenta de que un asalto directo no iba a servir. Se movió con más cautela, empleando maniobras de flanqueo para sobrepasar las defensas confederadas en Kennesaw Mountain. Esto funcionó. Como las fuerzas de Sherman amenazaban con cortar las líneas de suministro, las fuerzas confederadas se vieron obligadas a retirarse de Kennesaw Mountain. Esto permitió al ejército de la Unión seguir avanzando hacia Atlanta.

La batalla de Atlanta

Los confederados establecieron varios bloqueos defensivos alrededor de la ciudad. Johnston comandó sus tropas y resistió los repetidos ataques de la Unión, que comenzaron el 22 de julio.

Sin embargo, el 1 de septiembre, las fuerzas de la Unión consiguieron abrirse paso y entrar en Atlanta. No les llevó mucho tiempo. El 2 de septiembre, las fuerzas confederadas se vieron obligadas a retirarse de la ciudad, dejándola en manos de la Unión. Hubo alrededor de 1.500 bajas de la Unión, mientras que la Confederación sufrió unas 1.200.

BATTLE OF ATLANTA.

Cuadro que representa la batalla de Atlanta[34]

La marcha de Sherman hacia el mar

La marcha de Sherman hacia el mar fue una campaña militar llevada a cabo por la Unión. La caída de Atlanta fue suficiente impulso para que Sherman iniciara sus preparativos, dividiendo su ejército en dos columnas, el ala derecha y el ala izquierda. Las órdenes de las tropas eran muy claras: destruir todo a su paso.

El 15 de noviembre de 1864, el ejército de Sherman, compuesto por unos sesenta mil soldados, salió de Atlanta en dirección sureste, hacia la costa. El ejército de Sherman llevaba sus propios suministros, incluyendo comida, municiones y material médico.

A su paso, los soldados destruyeron ferrocarriles, puentes, fábricas y plantaciones. También quemaron pueblos y ciudades, dejando un rastro de devastación a su paso. Los soldados confederados no estaban en condiciones de contraatacar. Muchas personas perdieron sus trabajos y sus hogares. El 10 de diciembre, el ejército de Sherman sitió Savannah, una de las principales ciudades portuarias confederadas. Para el 21 de diciembre, los confederados se habían rendido.

Una portada de partituras de «La marcha de Sherman hacia el mar»[35]

La campaña de las Carolinas

A principios de 1865, Charleston, en Carolina del Sur, estaba en manos de los confederados. La Unión quería derrotar a las fuerzas confederadas que quedaban en las Carolinas, destruir la infraestructura del enemigo y enlazar con sus propias fuerzas en Virginia. El plan para lograrlo se conoció como la campaña de las Carolinas. Sherman debía encabezar a los soldados del Norte en esta empresa, puesto que ya habían tomado Savannah. El ejército se dividió en dos secciones para cubrir más terreno y ejercer presión en varios frentes.

El general de división de la Unión Henry W. Slocum comandaba el ala izquierda, formada en su mayor parte por los cuerpos 19 y 20. Su objetivo era avanzar hacia Raleigh, Carolina del Norte. El general de división Oliver O. Howard dirigía el ala derecha, que incluía los cuerpos 15 y 17. Su objetivo era avanzar hacia Goldsboro, Carolina del Norte, donde las vías férreas conectaban con la costa.

El ejército de Howard se acercó a Columbia, la capital de Carolina del Sur, en febrero. El general confederado Wade Hampton III trató de evitar la confrontación y evacuó la ciudad el 16 de febrero. Las fuerzas confederadas intentaron quemar los suministros de algodón para impedir que la Unión los tomara.

La evacuación y posterior ocupación provocaron el pánico y el desorden entre los residentes de la ciudad. El 16 de febrero, se declaró la ley marcial en Columbia para mantener el orden. En la mañana del 17, las fuerzas de la Unión ocuparon la ciudad sin resistencia.

Gran parte de Columbia fue quemada, aunque aún no está claro si los incendios fueron provocados por los confederados en retirada, por las fuerzas de la Unión o por ambos. Las fuerzas de la Unión establecieron una *guardia de prebostes* para guarnecer la ciudad y controlar los incendios. (Una guardia de preboste es un destacamento de soldados bajo la autoridad de un mariscal preboste. Los guardias prebostes debían asegurar que los soldados siguieran las normas militares y que el ejército y los territorios ocupados se mantuvieran en orden).

Otro valioso punto de suministro era Cheraw, en Carolina del Sur, porque estaba en el río Pee Dee. El 1 de marzo, el ejército de Howard se enfrentó al ejército de diez mil hombres del teniente general William J. Hardee. Los confederados fueron derrotados en la batalla de Cheraw.

El 16 de marzo, el ejército de Hardee luchó de nuevo en la batalla de Averasborough, esta vez contra el ejército de Slocum. Fue una batalla que tuvo lugar en dos condados, uno al lado del otro, Harnett y Cumberland, en Carolina del Norte. Terminó sin un claro vencedor.

La batalla de Bentonville

El 19 de marzo, el ejército de Johnston sorprendió al de Slocum con un ataque en el condado de Johnston, cerca del pueblo de Bentonville. La batalla de Bentonville duró tres días. El ejército de la Unión contaba con unos sesenta mil soldados, mientras que los confederados solo tenían unos veintidós mil hombres.

El primer día, los confederados atacaron al cuerpo 14 y derrotaron a dos divisiones. Al día siguiente, el ejército de Howard se unió a los hombres de Slocum en la batalla. Este día solo hubo escaramuzas menores. Sin embargo, Sherman envió refuerzos después de que el ataque confederado desbaratara a dos divisiones.

El tercer día, la división del general de división Joseph A. Mower atacó la retaguardia confederada. Los confederados consiguieron rechazar el ataque de Mower, pero ambos ejércitos tuvieron varias bajas, alcanzando unas 2.600 para los confederados y 1.500 para la Unión. Johnston decidió retirarse del campo de batalla la noche del 21 de marzo.

El ejército de Johnston se dirigió hacia Smithfield, Carolina del Norte, para reagruparse. La Unión continuó su avance, llegando a Goldsburg el 25 de marzo y enlazando con los soldados del Norte, al mando de los generales de división John M. Schofield y Alfred H. Terry.

El 10 de abril, las fuerzas de Johnston seguían retirándose hacia el oeste, cuando las noticias de la rendición de Lee llegaron. El colapso de la principal fuerza confederada fue una noticia devastadora para Johnston. El 12 de abril, Sherman recibió la confirmación oficial de la rendición de Lee y, al día siguiente, la Unión se hizo cargo de Raleigh. Mientras tanto, los soldados de Johnston siguieron avanzando hacia Greensburg.

A estas alturas, la esperanza de Johnston había disminuido. Calculaba que eran superados en número en una proporción de dieciocho a uno. Su ejército se estaba quedando sin suministros y sus tropas estaban hambrientas, por lo que muchos soldados abandonaron la causa y regresaron a casa. El 14 de abril, bajo una bandera de tregua, envió una carta a Sherman, que detuvo los combates y acordó reunirse y negociar una rendición el 17 de abril en la granja Bennett, de Carolina del Norte.

La campaña de Mobile

Mobile, Alabama, era un puerto confederado clave y un centro neurálgico para el comercio del algodón. También era la cuarta ciudad más grande de la Confederación. El 26 de marzo de 1865, el general de división de la Unión Edward Canby dirigió una campaña para tomar la ciudad. El general Dabney H. Maury dirigió a los confederados en esta zona.

La batalla de Spanish Fort tuvo lugar en el condado de Baldwin, Alabama. Las tropas de Canby, que contaban con unos 30.000 soldados, cruzaron el río Fish en Marlow Ferry y se desplazaron a lo largo de la orilla oriental de la bahía de Mobile.

El 27 de marzo, comenzaron el asedio de Spanish Fort. El general de brigada confederado Randall L. Gibson estaba al mando de las tropas sureñas, que solo contaban con unos dos mil hombres. Para el 1 de abril, la Unión había rodeado la guarnición y comenzó un bombardeo masivo. Superados en número, los confederados respondieron al fuego.

El 8 de abril, la octava división de infantería de Iowa aplastó las barreras defensivas de los confederados. La mayoría de las fuerzas confederadas lograron huir a Mobile, dejando que la Unión capturara el fuerte ese mismo día.

La batalla de Fort Blakely

El 2 de abril comenzó el asedio de Fort Blakeley, que estaba situado a unas seis millas al norte del Spanish Fort. Los confederados de Liddell estaban en inferioridad numérica. Tenían unos 3.500 soldados, mientras que la Unión contaba con 16.000. Las fuerzas de la Unión construyeron tres anillos de terraplenes y comenzaron un bombardeo masivo. Los confederados resistieron hasta que supieron que el Spanish Fort había caído.

Ilustración que representa el asalto al fuerte Blakely[36]

El 9 de abril, el general de brigada John P. Hawkins dirigió a las tropas de la Unión en un asalto final. Liddell y sus soldados se rindieron en media hora. Muchos confederados fueron capturados.

El fin de la campaña de Mobile

Entre el 2 y el 9 de abril, unos 45.000 soldados de la Unión lucharon contra unos 6.000 confederados. La armada de la Unión bloqueó con éxito la bahía de Mobile en la batalla de Fort Blakeley. El conflicto concluyó con las fuerzas confederadas evacuando Mobile y la Unión ocupando el fuerte sin resistencia.

Dicho esto, ¡es hora de estimular el cerebro con la actividad de este capítulo!

Actividad del capítulo 6

Encuentre las siguientes palabras en la sopa de letras:

- Cumberland
- Ferrocarriles
- Ríos
- Shiloh
- Beauregard
- Vicksburg
- Rosecrans
- Sherman
- Bentonville
- Mobile

A	M	S	D	A	W	E	N	M	H	G	F	D	V	B
Y	O	D	X	S	H	I	L	O	H	F	D	S	X	E
A	B	O	O	P	L	M	N	D	V	C	H	G	H	N
S	I	F	C	U	M	B	E	R	L	A	N	D	E	T
G	L	S	X	C	A	H	N	G	C	V	F	T	N	O
O	E	F	R	A	I	L	R	O	A	D	S	R	T	N
G	S	M	L	P	W	S	Q	Q	S	X	C	G	R	V
V	P	J	G	F	T	Y	B	V	Q	W	Q	S	D	I
O	U	Y	N	B	V	G	F	V	C	H	R	N	B	L
M	S	Z	X	C	V	B	N	M	R	E	I	F	S	L
X	J	W	S	A	X	Z	Z	S	E	R	V	F	C	E
E	H	J	H	J	N	G	B	M	T	Y	E	E	W	Q
O	I	U	Y	H	B	F	D	G	B	N	R	C	X	D
M	X	D	R	O	S	E	C	R	A	N	S	P	L	M
H	F	G	H	J	K	V	B	N	E	W	Q	R	T	D
B	E	A	U	R	E	G	A	R	D	T	Y	H	G	B
V	A	S	D	F	G	H	J	U	Y	T	V	C	X	Z
E	W	V	I	C	K	S	B	U	R	G	L	N	M	V
A	T	U	I	E	R	F	V	D	Y	Z	N	D	S	O
M	Z	C	Z	B	I	M	F	S	H	E	R	M	A	N

Respuestas a la actividad del capítulo 6

Encuentre las siguientes palabras en la sopa de letras:

M													B
O			S	H	I	L	O						E
B													N
I		C	U	M	B	E	R	L	A	N	D		T
L													O
E		R	A	I	L	R	O	A	D	S			N
													V
													I
										R			L
										I			L
										V			E
										E			
										R			
		R	O	S	E	C	R	A	N	S			
B	E	A	U	R	E	G	A	R	D				
		V	I	C	K	S	B	U	R	G			
							S	H	E	R	M	A	N

88

Capítulo 7: El último suspiro de la guerra

Con el teatro del este en manos de la Unión y el teatro del oeste a punto de correr la misma suerte, el final de la guerra se veía llegar. Sin embargo, iba a ocurrir otra tragedia antes.

La muerte de una leyenda

Lincoln estaba en el teatro Ford, de Washington, viendo una representación de la obra *Nuestro primo americano*, una obra cómica escrita por Tom Taylor en 1858. La historia gira en torno a un estadounidense algo *grosero* que viaja a Inglaterra para reclamar una herencia.

El 14 de abril de 1865, alrededor de las 10:15 p. m., Lincoln recibió un disparo en la nuca. El tirador fue John Wilkes Booth, un firme partidario de la política de la Confederación y un conocido actor. Tras disparar al presidente, Booth no perdió tiempo y escapó. Saltó al escenario, rompiéndose una pierna, pero logró huir.

Tras el incidente, el presidente fue trasladado en brazos a Petersen House. Tras recibir atención médica, murió a la mañana siguiente, a las 7:22 horas.

Imagen que representa a John Wilkes Booth apuntando para disparar al presidente Lincoln[37]

Más tarde, se conoció que Booth estaba enfurecido después de escuchar el discurso de Lincoln del 11 de abril de 1865, que respaldaba el derecho al voto de los afroamericanos. El asesino formaba parte de una conspiración mayor, en la que participaban varias personas, entre ellas Lewis Powell, David Herold y George Atzerodt. Todos ellos eran leales a la Confederación. Lewis Powell atacó al secretario de estado, William H. Seward, en su casa. Lo hirió gravemente junto a varias personas más. George Atzerodt debía matar al vicepresidente Andrew Johnson, pero los nervios no le permitieron llevarlo a cabo.

Se produjo una persecución masiva de Booth y sus cómplices. Booth huyó a Virginia, donde fue encontrado en un granero el 26 de abril de 1865. Durante su captura, fue abatido a tiros por soldados de la Unión. A continuación, ocho conspiradores fueron juzgados por una comisión militar; cuatro de ellos, incluida una mujer llamada Mary Surratt, fueron ejecutados en la horca el 7 de julio de 1865.

El nuevo presidente del país

Andrew Johnson nació en 1808 y su infancia estuvo llena de pruebas. Perdió a su padre a la tierna edad de tres años y su vida estuvo llena de dificultades económicas. Johnson se crio en Raleigh, Carolina del Norte. Se hizo aprendiz de sastre a los catorce años, pero se fugó un par de años después.

A los diecinueve años, Johnson montó su propia tienda de ropa a medida en Greenville, Tennessee. Se hizo un buen nombre. Fue elegido alcalde de la ciudad y sirvió en la Cámara de Representantes de Tennessee entre 1843 y 1853. En 1853, se convirtió en gobernador de Tennessee, cargo que ocupó hasta que se convirtió en senador estadounidense, en 1857.

Johnson fue un senador sureño que se mantuvo leal a la Unión durante la guerra nacional. Esto no pasó desapercibido, y lo llevó a ser nombrado gobernador militar de Tennessee entre 1862 a 1865.

Andrew Johnson fue elegido para presentarse como vicepresidente de Lincoln en las elecciones de 1864 porque era un demócrata sureño leal a la Unión. Se creía que esto ayudaría a Lincoln para atraer a los demócratas. Al ser de Tennessee, Johnson ayudó a Lincoln a capturar a los votantes de los estados fronterizos y del Sur. El apoyo de Johnson a la clase trabajadora también amplió el atractivo de la campaña de Lincoln. Johnson se convirtió en vicepresidente el 4 de marzo de 1865.

Johnson juró su cargo como decimoséptimo presidente apenas unas horas después de la muerte de Lincoln y se puso manos a la obra para gestionar el final de la guerra.

El plan de reconstrucción

El plan de Johnson para los esfuerzos de la *posguerra* (después de la guerra) se conoce como «Reconstrucción Presidencial». Johnson quería reintegrar rápidamente a los estados del Sur en la Unión, con cambios mínimos respecto de antes de la guerra. Los confederados de alto rango y los terratenientes ricos tenían que solicitar individualmente el indulto. La mayoría de ellos tuvo éxito.

Retrato del presidente Andrew Johnson[38]

Algunas de las cuestiones clave abordadas en el plan eran las siguientes:

- Los estados del Sur tuvieron que celebrar convenciones para reescribir sus constituciones, abolir la esclavitud y rechazar la secesión. Estas convenciones comenzaron en el verano de 1865.

- Los gobernadores provisionales de los estados del Sur fueron nombrados por el presidente. Tenían que supervisar la transición y asegurarse de que los unionistas leales fueran elegidos. Este proceso comenzó en mayo de 1865.

Johnson tenía un enfoque extremadamente tolerante. Sus políticas permitieron a muchos antiguos líderes confederados recuperar poder. A finales de 1865 y principios de 1866, a muchos estados del Sur se les permitió incluso promulgar los llamados códigos negros, que restringían los derechos de los afroamericanos recién liberados.

Las políticas de Johnson se enfrentaron a una fuerte oposición por parte de los republicanos radicales, que querían medidas más estrictas contra el Sur para proteger los derechos de los libertos. Asegurar una transformación más profunda de la sociedad sureña era lo primero en la lista de prioridades.

Si tiene curiosidad por saber más sobre el proceso de reconstrucción, el próximo capítulo lo cubre con mucho más detalle. Así que, ¡siga leyendo!

La rendición de Johnston en el teatro del oeste

Retrocedamos al teatro del oeste para ver lo que ocurrió tras el asesinato de Lincoln. ¿Recuerda que Sherman había planeado una reunión con Johnston?

El 17 de abril de 1865, Sherman cabalgó para reunirse con Johnston y sus generales en la granja Bennett, cerca de Durham Station. Sherman había recibido la noticia del asesinato del presidente. Sin embargo, optó por mantenerlo en secreto, para no afectar a la moral de sus hombres.

Era la primera vez que Sherman y Johnston se veían en persona. La discusión tuvo lugar en el interior de la granja, sin testigos. Sherman entregó a Johnston el telégrafo que anunciaba el asesinato de Lincoln. Empezaron a negociar los términos de la rendición, centrándose en poner fin a las hostilidades y despedir a los soldados confederados. No llegaron a un acuerdo definitivo el 17 de abril. Planearon reunirse nuevamente al día siguiente.

El 18 de abril, los hombres tenían otro cara a cara en la granja Bennett. Johnston le dijo a Sherman que estaba en sus manos rendir a los soldados confederados que seguían en el campo. Redactaron y firmaron un acuerdo que incluía condiciones políticas más generosas que las dadas a Lee. Los dos hombres planearon reunirse de nuevo para revisar los términos, de modo que se ajustaran a las directrices del gobierno de la Unión.

THE SURRENDER OF GEN! JOE JOHNSTON NEAR GREENSBORO N.C. APRIL 26TH 1865.

Cuadro que representa la rendición del general Johnston[39]

Sherman envió el borrador del acuerdo a Washington, D.C. para su aprobación. Sin embargo, el 24 de abril, los términos fueron rechazados por el gobierno de la Unión, porque incluían condiciones políticas que iban más allá de la rendición militar. Sherman recibió instrucciones de ofrecer términos como los que se habían dado a Lee.

El 26 de abril, Sherman y Johnston se reunieron de nuevo en la granja Bennett. Acordaron únicamente los términos de una rendición militar. Johnston rindió formalmente a su ejército, que contaba con unos noventa mil soldados. En esencia, la guerra había terminado en las Carolinas, Georgia y Florida. Sin embargo, aún quedaba más por hacer.

La rendición en Alabama

El general confederado Richard Taylor comandaba las fuerzas en el teatro Trans-Misisipi. El general Taylor se puso en contacto con Canby para discutir los términos de la rendición. El 4 de mayo, se reunieron en Citronelle y acordaron términos iguales a los que se le habían dado a Lee. La rendición de las fuerzas navales, bajo el mando del comodoro Ebenezer Farrand, se incluyó en el acuerdo. Las operaciones al este del río Misisipi habían terminado en este punto. Durante una ceremonia formal de rendición, los soldados confederados depusieron las armas.

La captura de Jefferson Davis

Jefferson Davis, su esposa Varina y un pequeño grupo de oficiales y soldados confederados estaban huyendo de las tropas de la Unión desde que habían sido evacuados de Richmond. El general de la Unión James H. Wilson recibió el encargo de realizar incursiones en Alabama y Georgia. Querían desbaratar la infraestructura confederada y capturar a figuras clave.

En la noche del 9 de mayo, el grupo de Davis acampó cerca de Irwinville, Georgia. Dos de los grupos de caballería de Wilson, el 4to de Michigan y el 1^{ero} de Wisconsin, convergieron sobre el campamento de Davis. Hubo un breve enfrentamiento y murieron dos soldados de la Unión. Al amanecer del 10 de mayo Davis fue capturado. Al parecer, llevaba puesto el chal negro de su esposa, lo que dio lugar a rumores de que estaba disfrazado de mujer. La prensa del Norte ridiculizó a Davis como un cobarde que intentaba escapar disfrazado.

Davis fue llevado a Savannah antes de ser transportado a Fort Monroe, Virginia. Una vez allí, fue encarcelado en una húmeda celda de detención y le pusieron grilletes. Al cabo de unos meses, Davis fue trasladado a mejores dependencias.

Texas durante la fase final de la guerra

La mayoría de las tropas de la Unión habían sido retiradas del valle del Río Grande después del 27 de julio de 1864. A principios de 1865, se había acordado un alto al fuego informal entre la Unión y la Confederación en el sur de Texas. Los mexicanos del otro lado de la frontera tendían a ponerse del lado de los confederados debido al lucrativo comercio de exportación de algodón.

En la primavera de 1865, la guerra tocaba su fin. A las fuerzas de la Unión, dirigidas por el coronel Theodore Barrett, se les había asignado recientemente el mando de una unidad compuesta en su totalidad por soldados afroamericanos. El 11 de mayo de 1865, Barrett se hizo cargo de estas tropas en Brazos Santiago, Texas.

Esa noche, Barrett decidió atacar los campamentos confederados situados cerca de Brownsville. Al hacerlo, rompía la tregua no oficial. Despachó a trescientos hombres, entre infantería afroamericana y caballería blanca, bajo el mando del teniente coronel David Branson.

Las tropas de la Unión marcharon durante la noche, con la esperanza de sorprender a los confederados en sus campamentos. Sin embargo, fueron avistados por soldados confederados dispuestos en el lado mexicano del Río Grande. Llegaron a las afueras de White Ranch el 12 de mayo, donde tuvo lugar una breve escaramuza.

La caballería de la Unión, dirigida por el capitán W. N. Robinson, retrocedió hacia el rancho y los hombres de Branson se retiraron a una colina cercana. Cuando avanzó el día, Branson pidió refuerzos. El coronel Barrett llegó con tropas adicionales, elevando el número total de soldados de la Unión a quinientos. Los confederados también recibieron refuerzos.

El conflicto final de la guerra

El 13 de mayo de 1865, las fuerzas de la Unión del coronel Theodore Barrett lanzaron un ataque contra el campamento confederado del rancho Palmito. Los confederados, dirigidos por el coronel John Salmon Ford, también conocido como «*Rip*» Ford, contraatacaron con apoyo de artillería.

Las fuerzas confederadas recibieron apoyo artillero de las tropas francesas, estacionadas al otro lado del Río Grande, en Matamoros, México. Las tropas de la Unión fueron superadas en armamento y maniobra. Se vieron obligadas a retirarse de nuevo a Brezos Santiago. La victoria fue decisiva para los confederados, que infligieron grandes bajas a las fuerzas de la Unión.

Aunque la guerra había terminado oficialmente semanas antes, la batalla del Rancho Palmito se considera la batalla final de la guerra civil. El soldado de la Unión John J. Williams murió durante esta batalla. Se cree que fue el último soldado que murió en la guerra.

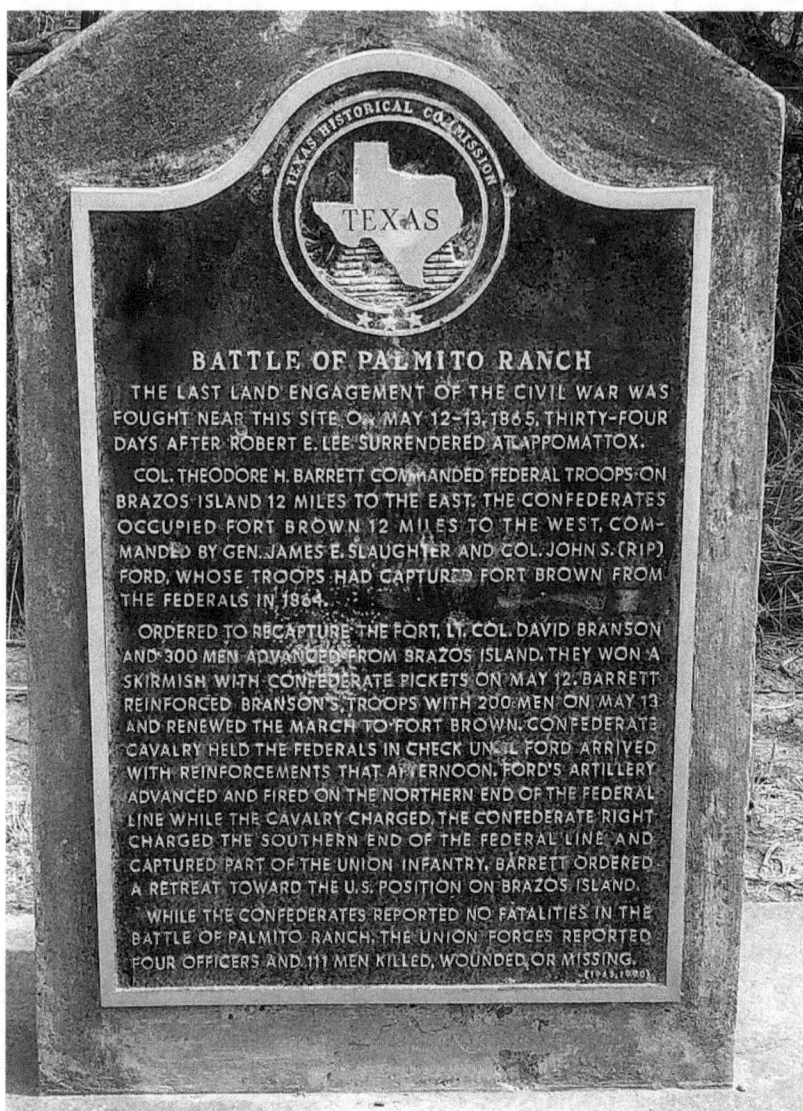

Fotografía de una conmemoración de la batalla de Rancho Palmito, en Texas[40]

Curiosamente, el coronel Ford había servido a Texas, como oficial confederado, médico, abogado y periodista. El apodo de «*Rip*» tiene su origen en su época como *ayudante* (oficial de personal administrativo) durante la guerra mexicano-estadounidense. Entre sus tareas estaba la de redactar esquelas mortuorias. Ford utilizaba con frecuencia la frase «*Rest in peace*» (descanse en paz) en estas esquelas, que sus compañeros acortaron a «*Rip*». Este apodo le acompañó el resto de su vida.

La rendición del departamento Trans-Mississippi

El 26 de mayo de 1862, se formó el departamento Trans-Misisipi para supervisar las operaciones militares confederadas al oeste del río Misisipi. Tenía varios comandantes, entre ellos los generales de división Thomas C. Hindman y Theophilus H. Holmes, así como el teniente general Edmund Kirby Smith.

Este departamento era vital para proteger la frontera con México y asegurar un suministro constante de algodón para la Confederación. En 1865, las fuerzas del departamento se vieron muy reducidas debido a las numerosas bajas y deserciones. Para entonces, la Unión había logrado importantes avances en la región.

El 25 de mayo, los líderes confederados Buckner y Price se reunieron con el general de la Unión, Canby, en Nueva Orleans, para discutir los términos de la rendición. El general Smith, que tenía poder de decisión sobre esta rendición, no estuvo presente en la reunión; se encontraba en Galveston, Texas. Después de recibir noticias de la reunión, el 26 de mayo, Smith rindió oficialmente el departamento Trans-Misisipi bajo términos similares a los de Lee. Este fue el verdadero final del ejército de la Confederación.

La Proclamación de la Amnistía y la Reconstrucción

El 29 de mayo de 1865, el presidente Johnson emitió una proclamación en la que ofrecía el perdón y el indulto a la mayoría de las personas que habían luchado o apoyado a la Confederación durante la guerra. Sin embargo, había condiciones. Para recibirlo, cada individuo tenía que hacer un juramento de lealtad a los EE. UU., prometiendo apoyar y defender la Constitución y la Unión. Además, ciertas personas tenían que solicitar indultos especiales.

La rendición del último soldado confederado

Stand Watie nació en 1806. Fue uno de los pocos generales nativos americanos del ejército confederado. Dirigió el primer Cherokee Mounted Rifles y más tarde la división India, que incluía soldados de varias tribus nativas americanas, como los Cherokee, Creek, Seminole y Osage.

A lo largo de la guerra, luchó en varias batallas importantes y fue ascendido a general de brigada en mayo de 1864. En febrero de 1865, Watie supervisaba la división India en el Territorio Indio (actual Oklahoma). A pesar del debilitamiento de la posición de la

Confederación, Watie siguió atacando las líneas de suministro y las comunicaciones de la Unión.

El 23 de junio, rindió su mando en Doaksville, cerca de Fort Towson, en el Territorio Indio. Tras la guerra, Watie regresó a su hogar y se centró en reconstruir su plantación y su comunidad. En 1871, murió de causas naturales en su casa.

El último disparo efectuado

En octubre de 1864, la Confederación compró un barco mercante británico llamado Sea King y lo convirtió en un buque de guerra llamado Shenandoah. Estaba bajo el mando del capitán James Waddell, y debía utilizarse para capturar y destruir buques mercantes de la Unión. Los confederados querían atacar especialmente a la flota ballenera del mar de Bering, entre Rusia y Alaska.

El 22 de junio de 1865, el *Shenandoah* disparó el último tiro de la guerra. Sin embargo, la tripulación ignoraba que la guerra ya había terminado. Solo hasta el 2 de agosto de ese año, cuando se encontraron con el barco británico *Barracouta*, se enteraron de la derrota de la Confederación.

Waddell decidió navegar hasta Liverpool, Inglaterra, donde esperaba entregar el barco a las autoridades británicas. Para evitar ser detectado, ordenó desmontar las armas del barco y guardarlas bajo cubierta durante el viaje. El casco fue pintado para que pareciera un buque mercante.

El 6 de noviembre, el barco llegó a Liverpool y fondeó junto al buque de guerra británico HMS Donegal. Entonces, Waddell izó la bandera confederada por última vez y entregó el barco a los marines británicos. El Tribunal del Almirantazgo británico investigó si las acciones del barco durante la guerra habían sido legales. Finalmente, la tripulación fue liberada.

Y con esto, termina otro capítulo. ¡Es hora de estimular sus neuronas con la siguiente actividad!

Actividad del capítulo 7

Para cada uno de los siguientes temas, enumere cinco hechos importantes. Intente recordar tantos hechos como pueda. Si necesita refrescar su memoria, vuelva a consultar el contenido del capítulo 7. Cuando haya terminado, compruebe que la información que ha escrito sea exacta.

1. El asesinato del presidente Lincoln

_____

_____

_____

_____

_____

2. Andrew Johnson

_____

_____

_____

_____

_____

3. La captura de Jefferson Davis

_____

_____

_____

_____

_____

Capítulo 8: Más allá del campo de batalla

Fuera del campo de batalla, la Unión estaba realizando importantes cambios en la Constitución. El Congreso trabajaba duro, aprobando varias leyes nuevas.

La Reconstrucción pretendía reunificar a la nación tras la guerra civil. Se centró en devolver a los estados del Sur al control federal, asegurando su lealtad al gobierno de la Unión. El gobierno también debía reconstruir el Sur, devastado por la guerra. Otro objetivo importante era abolir la esclavitud y proteger los derechos legales y civiles de los afroamericanos.

Durante esta época, se aprobaron tres enmiendas clave, conocidas como las enmiendas de la Reconstrucción. A continuación, se examinan más de cerca.

La aprobación de la Decimotercera Enmienda

La Decimotercera Enmienda declaró ilegal la esclavitud en todos los territorios de EE. UU. ¿Recuerda que la Proclamación de la Emancipación pretendía abolir la esclavitud? La Decimotercera Enmienda lo grabó en piedra.

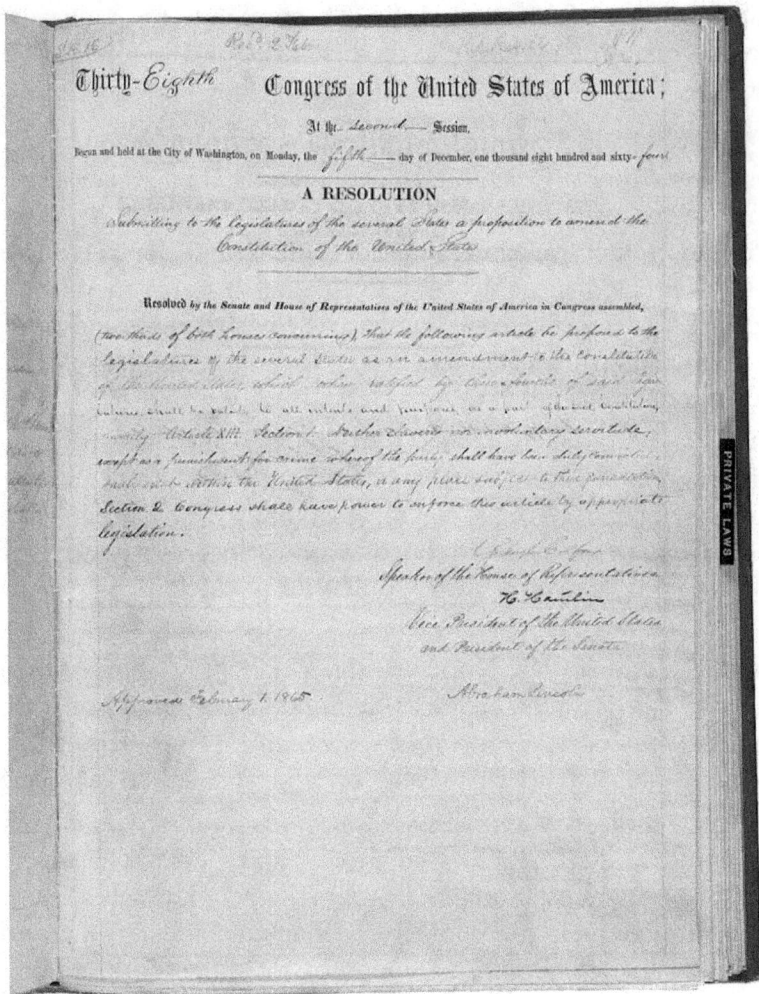

Fotografía de la Decimotercera Enmienda[41]

El senador John B. Henderson, de Misuri, presentó este proyecto de ley, que declara: «Ni la esclavitud ni la servidumbre involuntaria, excepto como castigo por un delito por el cual la parte haya sido debidamente condenada, existirán dentro de los Estados Unidos o en cualquier lugar sujeto a su jurisdicción». Esto significa que la esclavitud es ilegal en EE. UU. y que nadie puede ser obligado a trabajar sin remuneración, salvo como castigo por un delito del que haya sido declarado culpable.

El Senado aprobó la enmienda el 8 de abril de 1864. La Cámara de Representantes lo hizo el 31 de enero de 1865, y Lincoln firmó la resolución conjunta para enviar la enmienda a los estados para su ratificación el 1 de febrero de 1865. La enmienda fue ratificada por el número necesario de estados el 6 de diciembre de 1865. Fue proclamada oficialmente el 18 de diciembre de 1865.

Los códigos negros

Después de que la Decimotercera Enmienda aboliera la esclavitud, los códigos negros (un conjunto de varias leyes) fueron propuestos y promulgados por los antiguos estados confederados, entre 1865 y 1866. Estas leyes pretendían controlar y explotar a los afroamericanos recién liberados. En la práctica, hacían trabajar a los afroamericanos en puestos mal pagados en las plantaciones, lo que los mantenía en la pobreza. Las condiciones de trabajo eran pésimas.

A finales de 1865, Misisipi y Carolina del Sur fueron los primeros estados en poner en marcha los códigos negros. En junio de 1866, Luisiana, Alabama, Georgia, Tennessee, Florida y Carolina del Norte también adoptaron estas leyes. Los gobiernos locales y estatales hicieron cumplir los códigos negros, a menudo con ayuda de grupos supremacistas blancos.

Algunos estados del Norte también tenían códigos negros. Sin embargo, su aplicación en el Norte fue impedida en su mayor parte por la Oficina de Liberados (*Freedmen's Bureau*). Los gobiernos estatales republicanos radicales anularon estas leyes durante la Reconstrucción.

¿Qué significaron los códigos negros para los afroamericanos que debían sortear estas leyes a diario? Estas leyes obligaban a los afroamericanos a prestar mano de obra barata. Las leyes de vagancia implicaban que tenían que encontrar y mantener trabajos para evitar ser arrestados. Tenían que aceptar contratos de trabajo anuales, con altas penalizaciones si los abandonaban antes de tiempo. Tenían que respetar *toques de queda* estrictos, que limitaban sus movimientos por la noche. Tampoco podían moverse libremente, porque los viajes requerían permisos especiales.

Los afroamericanos se enfrentaban a estrictas limitaciones para poseer propiedades, especialmente en ciertas zonas. No podían testificar contra los blancos en los tribunales, y los matrimonios interraciales estaban prohibidos. En las reuniones multitudinarias, tenía que estar presente una persona blanca y estaba prohibido portar armas de fuego. Los niños afroamericanos podían ser obligados a trabajar como aprendices; en muchos casos, esto ocurría con sus antiguos esclavizadores.

Infringir estas leyes acarreaba multas, penas de cárcel o trabajos forzados.

A continuación, se explican algunas de las medidas que el Congreso tomó para proteger los derechos de los afroamericanos, a principios de 1866.

La Ley de Derechos Civiles

El 5 de enero de 1866, el senador de Illinois Lyman Trumbull presentó la Ley de Derechos Civiles. Esta ley proponía declarar ciudadanos a todas las personas nacidas en Estados Unidos, excluyendo a los nativos americanos que no tributaban. Esto concedía a todos los ciudadanos los mismos derechos para celebrar y hacer cumplir contratos, entablar pleitos, declarar y heredar, comprar, arrendar, vender, poseer y transmitir bienes muebles e inmuebles.

La ley se enfrentó a una oposición significativa. El Senado aprobó el proyecto de ley el 2 de febrero de 1866, con una votación de 33 a doce. El 13 de marzo de 1866, la Cámara ratificó el proyecto de ley con una votación de 111 a 38.

Sin embargo, el 27 de marzo, el presidente Johnson vetó la ley, argumentando que infringía los derechos de los estados y excedía la autoridad federal. El 6 de abril, el Senado anuló el veto de Johnson. La Cámara hizo lo mismo el 9 de abril.

La Decimocuarta Enmienda

Redactada en abril de 1866, la Decimocuarta Enmienda fue pensada por el senador Jacob Howard y el miembro de la Cámara Thaddeus Stevens. Su objetivo era garantizar a todos los ciudadanos «igual protección de las leyes». Esto significa que buscaban que todas las personas en EE. UU. tuvieran los mismos derechos ante la ley, y nadie pudiera ser tratado de forma diferente debido a su raza, religión u otras razones.

Los representantes debían repartirse entre los estados según su población, excluyendo a los nativos americanos que no pagaban impuestos. El gobierno federal y los estatales fueron liberados del pago de las deudas contraídas por los confederados. A los confederados que ocupaban cargos gubernamentales antes de la guerra, se les prohibió ocupar cargos federales o estatales, a menos que obtuvieran dos tercios de los votos en el Congreso.

El 8 de junio de 1866, la enmienda fue aprobada por el Senado. La Cámara hizo lo mismo el 13 de junio. El presidente Johnson vetó este proyecto de ley, porque estaba en contra de que se hicieran cambios constitucionales sin una representación adecuada de los estados del Sur en el Congreso. Sin embargo, la enmienda entró en vigor el 9 de julio de 1868.

El final formal de la guerra

El 20 de agosto de 1866, el presidente emitió una proclamación diciendo que la paz y el orden habían sido restaurados en todo EE. UU. y declaró oficialmente el fin de la guerra. Era el fin oficial del estado de *insurrección* (rebelión). Sin embargo, algunos estados del Sur permanecieron bajo ocupación militar para hacer cumplir las políticas de la Reconstrucción. Los estados del Sur siguieron celebrando convenciones y reescribieron sus constituciones para poder unirse de nuevo a la Unión.

Los republicanos radicales y su propuesta de ley

Los republicanos radicales exigían protección para los libertos y una garantía de emancipación. Liderados por figuras como Thaddeus Stevens y Charles Sumner, desempeñaron un papel importante en la configuración de la era de la Reconstrucción y de los derechos de los afroamericanos. Sus políticas querían garantizar que el Sur fuera castigado por su papel en la guerra y su apoyo a la esclavitud. Apoyaron firmemente la protección de los derechos de los afroamericanos recién liberados.

A principios de 1867, los republicanos radicales redactaron su propuesta para la Reconstrucción. La ley dividía los antiguos estados confederados (excepto Tennessee) en cinco distritos militares, que serían supervisados por generales de la Unión.

Johnson vetó la ley. El 2 de marzo de 1867, el Congreso anuló el veto. Los estados del Sur tuvieron que ratificar la Decimocuarta Enmienda y cumplir las condiciones establecidas por la ley para ser readmitidos en la Unión.

La destitución del presidente Johnson y la Ley de Permanencia en el Cargo

Como ya sabe, el presidente Andrew Johnson se enfrentó al Congreso, controlado por los republicanos, por las políticas de la Reconstrucción. Pero, ¿qué condujo a su destitución? (El juicio político es el proceso por el que un órgano legislativo acusa a un funcionario público de mala conducta).

Johnson fue acusado por la Cámara de desobedecer la Ley de Permanencia en el Cargo. Esta ley había sido aprobada para impedir que el presidente pudiera destituir a personas en determinados cargos sin la aprobación del Senado. El presidente vetó la ley, pero el Congreso anuló su veto.

En 1868, Johnson expulsó al secretario de guerra de EE. UU., Edwin M. Stanton, sin el permiso del Senado, lo que le llevó a ser sometido a juicio. *Los altos delitos* (faltas graves) y *los delitos menores* (infracciones menores de las normas) se utilizaron como razones para su destitución.

La resolución fue aprobada el 24 de febrero de 1868. El 5 de marzo, los procedimientos estaban en marcha en el Senado. En ese momento, los republicanos tenían más escaños que los dos tercios necesarios para relevar a Johnson de sus funciones.

El equipo de defensa de Johnson argumentó que el acto era ilegal y que Johnson no era culpable de ningún delito impugnable. Los directivos de la Cámara, que actuaron como fiscales, argumentaron que las acciones de Johnson eran un desafío directo a la autoridad del Congreso y a la Constitución.

Boceto que representa el juicio de destitución del presidente Johnson[42]

El 16 de mayo de 1868, el Senado votó sobre el Artículo XI; 35 senadores votaron «culpable» y diecinueve votaron «inocente». El Senado se quedó a un voto de la mayoría de dos tercios necesaria para la condena. Se celebraron dos votaciones más, pero todas tuvieron los mismos resultados, así que Johnson fue absuelto y permaneció en el cargo hasta el final de su mandato. Sin embargo, quedó políticamente debilitado. Johnson no se presentó a la reelección en 1868.

Tras dejar el cargo, Johnson regresó a Tennessee y se mantuvo políticamente activo. Fue el único ex presidente que ocupó un escaño en el Senado. Fue elegido para ello en 1875, y permaneció hasta su muerte, el 31 de julio de ese año. Estaba de vacaciones cuando sufrió un derrame cerebral en Carter's Station, Tennessee.

El Congreso modificó drásticamente la Ley de Permanencia en el Cargo el 5 de abril de 1869, bajo la presidencia de Ulysses S. Grant. En 1887, la ley fue anulada. Posteriormente, la Ley de Permanencia en el Cargo fue declarada inconstitucional por el Tribunal Supremo, en 1926. Esta decisión se tomó diciendo que el poder del presidente se veía muy disminuido por la ley.

La Decimoquinta Enmienda

El 26 de febrero de 1869, el Congreso presentó la Decimoquinta Enmienda, que declara: «El derecho al voto de los ciudadanos de los Estados Unidos no será negado ni coartado por los Estados Unidos ni por ningún estado por motivos de raza, color o condición previa de servidumbre». Esto significaba que no se les podía negar el derecho al voto a los hombres afroamericanos por motivos de raza, color o esclavitud pasada.

Esta enmienda se convirtió oficialmente en parte de la Constitución el 3 de febrero de 1870. Nevada fue el primer estado en ratificarla.

Para comprender el contexto del derecho al voto antes de la guerra civil y de la ratificación de la Decimoquinta Enmienda, es importante tener en cuenta que algunos hombres afroamericanos ya podían votar. Sin embargo, tenían que cumplir ciertas condiciones, lo que dificultaba, y hacía casi imposible, que ejercieran realmente este derecho. Por ejemplo, la mayoría de los estados exigían que los hombres afroamericanos tuvieran propiedades para poder votar, una condición que la mayoría no cumplía.

Algunos estados del Sur concedieron a los afroamericanos el derecho al voto antes de que se ratificara la Decimoquinta Enmienda. Algunos hombres afroamericanos podían votar en ciertas parroquias de Luisiana, especialmente donde había muchos afroamericanos. Después de la guerra civil, la nueva constitución de Carolina del Sur permitía votar a todos los ciudadanos varones, independientemente de su raza. Sin embargo, este derecho se vio limitado posteriormente por prácticas discriminatorias, como los impuestos de capitación y las pruebas de alfabetización. En algunas zonas de Florida, los afroamericanos podían votar, sobre todo en lugares con una gran población afroamericana. Sin embargo, se trataba de excepciones y no de la norma.

Hubo un aumento de votantes afroamericanos tras la ratificación de la Decimoquinta Enmienda. Sin duda, se habían hecho algunos progresos. Sin embargo, los estados del Sur tenían algunos trucos bajo la manga para impedir que la enmienda surtiera pleno efecto.

Los afroamericanos debían superar varios obstáculos para poder votar. Tenían que pagar una cuota, aprobar un examen de lectura y escritura, y demostrar que sus antepasados tenían derecho al voto antes de una fecha concreta.

El 31 de marzo de 1870, Thomas Mundy Peterson, de Nueva Jersey, rompió esta barrera al convertirse en el primer afroamericano en votar en virtud de esta enmienda.

Políticos afroamericanos

Antes de la ratificación de la Decimoquinta Enmienda, algunos afroamericanos habían sido nombrados para ocupar cargos en el gobierno. Estos nombramientos procedían de políticos blancos simpatizantes.

Tras la ratificación de la Decimoquinta Enmienda, varios hombres afroamericanos fueron elegidos para ocupar cargos de gobierno en todo EE. UU., especialmente en el Sur. Sin embargo, estos políticos se enfrentaron a la discriminación racial, la violencia y la oposición política. El poder político de los afroamericanos disminuyó cuando la Reconstrucción llegó a su fin y las fuerzas supremacistas blancas retomaron el control.

El derecho de voto de las mujeres

Antes y después de la ratificación de la Decimoquinta Enmienda, las mujeres de todas las razas tenían negado el derecho al voto. Grupos como la Asociación Nacional por el Sufragio Femenino lucharon por el derecho al voto de las mujeres, utilizando diversos medios, como el cabildeo, las protestas y la desobediencia civil.

En 1920, la Decimonovena Enmienda concedió finalmente a las mujeres el derecho al voto. Sin embargo, las mujeres, especialmente las negras, seguían enfrentándose a obstáculos para votar, como pruebas de alfabetización, impuestos de capitación e intimidación.

La Ley de Amnistía

La Ley de Amnistía eliminó las penas impuestas a los antiguos confederados por la Decimocuarta Enmienda. La ley fue presentada por Benjamin Butler y fue aprobada por la Cámara y el Senado el 22 de mayo de 1872. El presidente Grant firmó la ley. Ordenó a los fiscales de distrito que desestimaran los procesos contra los confederados que estaban inhabilitados para ejercer cargos públicos según la Decimocuarta Enmienda.

Sin embargo, algunas personas quedaron excluidas, entre ellas ciertos altos funcionarios, como senadores y representantes; oficiales del servicio judicial, militar y naval; jefes de departamento y ministros de asuntos exteriores.

Instituciones vitales formadas durante la Reconstrucción

Durante la Reconstrucción se crearon muchas instituciones para estabilizar la nación. A continuación, se desglosan cinco organizaciones importantes.

- **Oficina de Hombres Libres:** Conocida oficialmente como Oficina de Refugiados, Hombres Libres y Tierras Abandonadas, esta agencia se creó en 1865. Proporcionaba servicios esenciales, como alimentos, vivienda, atención médica, educación y asistencia jurídica, a los antiguos esclavos y a los blancos empobrecidos del Sur.

Reunión de la Oficina de Hombres Libres, Memphis, Tennessee (1866).
De *Harper's Weekly: A Journal of Civilization*[43]

- **Universidad de Fisk:** La Universidad de Fisk se creó en 1866 en Nashville, Tennessee. Fue uno de los primeros colegios y universidades históricamente afroamericanos (HBCU). Su objetivo era ofrecer oportunidades de educación superior a los afroamericanos durante y después de la Reconstrucción.

- **Universidad Howard:** La Universidad Howard se fundó en 1867 en Washington, D.C. Es otra universidad históricamente afroamericana. Debe su nombre al general Oliver Otis Howard, que dirigió la Oficina de Hombres Libres.

- **Colegio Morehouse:** Se fundó en 1867 en Atlanta, Georgia. Se centró en la educación de los hombres afroamericanos y desempeñó un papel crucial en su desarrollo académico y profesional durante la Reconstrucción.

- **Universidad de Hampton:** Creada originalmente como Instituto Normal y Agrícola de Hampton, en 1868 en Virginia, esta institución se centró en educar a los libertos y prepararlos para carreras en la enseñanza y otras profesiones.

El fin de los códigos negros

Ahora que ha entendido lo que ocurrió después de que empezaran a aplicarse los códigos negros, se explica lo que ocurrió después.

Al finalizar la Reconstrucción con el Tratado de 1877 y la retirada de las tropas federales, los estados del Sur afirmaron su control. Las leyes Jim Crow eran un conjunto de normas creadas para mantener a los afroamericanos separados y desiguales en los estados del Sur y del Norte, restableciendo muchas disposiciones de los códigos negros. Los afroamericanos y los blancos tenían que utilizar instalaciones separadas y los blancos tenían acceso a servicios mucho mejores.

Los estados del Sur empezaron a aprobar las leyes Jim Crow en 1877. En 1881, Tennessee promulgó la primera ley Jim Crow, que exigía la segregación en los ferrocarriles. En 1887, Florida aprobó leyes similares para el transporte público. En 1890, Misisipi aprobó leyes para segregar las escuelas y las instalaciones públicas. En el Norte, se aplicaron prácticas discriminatorias similares mediante leyes locales y costumbres sociales.

En 1896, la decisión del Tribunal Supremo en el caso *Plessy contra Ferguson* confirmó la constitucionalidad de la segregación racial según la doctrina de «iguales, pero separados». Después de esta sentencia se produjo una aplicación más generalizada de las leyes Jim Crow en los estados del Sur. A principios del siglo XX, otros estados sureños, como Alabama, Georgia, Luisiana y Carolina del Sur, aprobaron varias leyes Jim Crow. En el Norte, la segregación en escuelas y lugares públicos se hizo más común a finales del siglo XIX y principios del XX.

Hasta 1954 no se cuestionaron las leyes Jim Crow. Solo en ese momento, el Tribunal Supremo dictaminó que las escuelas separadas para alumnos blancos y afroamericanos eran inconstitucionales. Esta sentencia se produjo en el caso *Brown contra el Consejo de Educación*. Finalmente, las leyes Jim Crow fueron desmanteladas. La discriminación basada en la raza, el color, la religión, el sexo o el origen nacional se prohibió mediante la Ley de Derechos Civiles de 1964.

Un año más tarde, la Ley del Derecho al Voto eliminó las barreras legales que impedían a los afroamericanos emitir su voto.

Otra oposición al proceso de Reconstrucción

Varios grupos querían socavar los esfuerzos de la Reconstrucción. El Ku Klux Klan, un grupo supremacista blanco, adquirió un poder significativo durante este periodo.

Los antiguos soldados confederados estaban enfadados y amargados tras el fin de la guerra. En 1865, en Pulaski, Tennessee, algunos decidieron actuar. Formaron un grupo organizado, que en realidad empezó como un club social, donde los veteranos confederados podían compartir sus preocupaciones y su frustración por el resultado de la guerra.

Sin embargo, el Klan pronto se convirtió en una organización terrorista. Sus miembros utilizaban métodos violentos e intimidatorios para restaurar la supremacía blanca. Entre los principales objetivos del Klan estaba impedir que los afroamericanos participaran en política. El Klan utilizó linchamientos, palizas e incendios provocados para aterrorizar a los afroamericanos y a sus aliados.

El primer líder del Klan, un antiguo general confederado llamado Nathan Bedford Forrest, fue nombrado en 1867. El grupo celebraba reuniones clandestinas para planificar sus actividades. Los miembros también hacían demostraciones públicas de poder, como desfiles y mítines, hacían juramentos secretos y participaban en rituales para mostrar su lealtad.

En 1870, el Ku Klux Klan se había extendido a casi todos los estados del Sur. El Congreso tenía que actuar. Así, se aprobaron las Leyes de

Ejecución, a principios de la década de 1870, para proteger a los votantes afroamericanos y reprimir al Klan. La influencia del Klan disminuyó a finales de la década de 1870, pero su presencia siguió siendo una fuerza oscura que socavaba los esfuerzos de la Reconstrucción.

En el siglo XX, el Ku Klux Klan empezó a atacar a inmigrantes, católicos, judíos y sindicalistas, además de a los afroamericanos. En la década de 1910, sus integrantes empezaron a quemar cruces. En la década de 1960, los atentados, asesinatos y otros actos violentos se salieron de control.

Desgraciadamente, por escalofriante que parezca, el Ku Klux Klan sigue existiendo hoy en día.

Es hora de pasar a la actividad de este capítulo.

Actividad del capítulo 8

Esta actividad requiere que se imagine a sí mismo como un adolescente en la década de 1860. Escriba un ensayo de 350 a 400 palabras explicando cómo cree que la Decimotercera, Decimocuarta y Decimoquinta Enmienda afectarían a la comunidad en la que vive y a su propia vida.

A continuación, se plantean algunas preguntas que sirven como guía para la actividad:

1. ¿Qué cree que significa cada enmienda? Vuelva al capítulo para entender lo que dice cada una.

2. ¿Estas enmiendas supondrían algún cambio en su vida? ¿Por qué sí o por qué no?

3. ¿Qué espera que ocurra ahora que se ratificaron las enmiendas?

4. ¿Cree que las enmiendas tendrán alguna repercusión en su educación o en sus oportunidades laborales?

5. ¿Cómo cree que verán estas enmiendas las generaciones futuras? Debe responder mirándose a sí mismo en el presente y escribiendo lo que piensa de estas enmiendas.

A continuación, algunos consejos útiles para la redacción del ensayo:

- Esboce los puntos principales de su texto antes de empezar a escribir.

- Recuerde revisar su ortografía y gramática.

- Tómese el tiempo necesario para revisar y editar su ensayo.

- Vuelva a leer el contenido de este libro para asegurarse de que sus datos son correctos.

- Lea y relea su ensayo para asegurarse de que todo está bien.

Y recuerde, cuanto más practique su escritura, ¡mejor lo hará!

Capítulo 9: Los rostros de la guerra

A lo largo de este libro, se han mencionado varias figuras clave de la guerra. Sin embargo, hay muchas más historias apasionantes sobre estos héroes. A continuación, se repasan algunas biografías breves de las figuras más destacadas de este periodo.

Clara Barton

El 25 de diciembre de 1821, vino al mundo Clara Barton. Era la menor de cinco hermanos. Criada en North Oxford, Massachusetts, creció en una familia de abolicionistas. Su primer contacto con la enfermería tuvo lugar a sus once años, cuando un trágico accidente dejó a su hermano postrado en la cama y necesitado de amplios cuidados. Barton cuidó de él durante los dos años siguientes.

Realizó su escolarización en casa. Más tarde, asistió al Instituto Liberal de Clinton, Nueva York. A los diecisiete años se convirtió en educadora y fundó una escuela gratuita en Nueva Jersey.

Al comienzo de la guerra, Barton formaba parte del equipo de la Oficina de Patentes de EE. UU. Sin embargo, se dio cuenta de que su don para cuidar de los demás podría servir mejor en la guerra, por lo que decidió dejar su trabajo e irse a Washington D.C. Una vez allí, empezó a recoger suministros para atender a los soldados que estaban en el frente y a los hospitalizados. Durante toda la guerra, recaudó fondos y reunió suministros.

Fotografía de Clara Barton[4]

Barton también llevaba provisiones a las tropas en los campos de batalla donde había hospitales móviles. Su primer viaje al campo fue a la batalla de Cedar Mountain, en 1862. Incluso cuando las balas volaban a su alrededor, Barton continuó con su trabajo. Ayudó a los médicos durante las operaciones en varias batallas, incluyendo la segunda batalla de Bull Run, la batalla de Antietam y la batalla de Fredericksburg.

Su excepcional trabajo le valió el apodo de «Ángel del campo de batalla».[i] Escribió muchos detalles sobre los soldados con los que se cruzaba y escribió mensajes con noticias de las tropas a los familiares que estaban en casa.

Después de la guerra, nombró y marcó las tumbas de los soldados muertos. Realizó este trabajo especialmente en la prisión de Andersonville. Esta prisión, conocida oficialmente como Camp Sumter, fue un campo de prisioneros de guerra confederados creado en febrero

---

[i] Oates, S. B. (1995). *Woman of Valor: Clara Barton y la Guerra Civil*. Free Press.

de 1864. Se encontraba cerca de Andersonville, Georgia, y estaba al mando del capitán Henry Wirz.

Las instalaciones solo estaban diseñadas para albergar a 10.000 prisioneros. Sin embargo, llegó a haber más de 40.000. Las condiciones eran malas, con refugios inadecuados y escasez de comida y agua. De los aproximadamente 45.000 prisioneros allí recluidos, casi trece mil murieron debido a las duras condiciones. Más tarde, Wirz fue juzgado y ejecutado por crímenes de guerra debido a las condiciones inhumanas de la prisión.

Barton creó una oficina para encontrar y dar nombre a los soldados de la Unión desaparecidos. La recaudación de fondos y la concienciación tras la guerra eran una prioridad para ella. Viajó y dio conferencias sobre sus experiencias en tiempos de guerra.

En 1869, estaba agotada y partió hacia Europa para descansar. En Suiza, descubrió la Cruz Roja Internacional, una organización humanitaria dedicada a ayudar a los soldados, independientemente del bando en el que lucharan. También conoció la labor de la Convención de Ginebra, creada en 1864, que consiste en una serie de tratados internacionales que establecen normas para la protección de los soldados heridos, el personal médico y los civiles.

Tras regresar a Estados Unidos, en 1873, fundó la Cruz Roja Estadounidense, el 21 de mayo de 1881. Como primera presidenta, dirigió la Cruz Roja para proporcionar ayuda en caso de catástrofe en zonas afectadas por inundaciones y huracanes. Ejerció una fuerte presión para que EE. UU. firmara la Convención de Ginebra, lo que logró en 1882.

El apoyo de Barton a otras causas, como el derecho al voto de las mujeres y otras cuestiones relacionadas con los derechos civiles, siguió siendo inquebrantable. Incluso después de retirarse de la Cruz Roja, en 1904, se mantuvo activa en causas humanitarias. *La historia de mi infancia*, su autobiografía, se publicó en 1907. Murió de neumonía en 1912 en Glen Echo, Maryland.

Ulysses S. Grant

El 27 de abril de 1822, Hannah Simpson Grant dio a luz a Hiram Ulysses. Su padre, Jesse Root Grant, era curtidor, y la familia vivía en Georgetown, Ohio. Ulises desarrolló una gran habilidad en el manejo de los caballos. A los diecisiete años ingresó en West Point.

Fotografía de Ulysses S. Grant[45]

Un error administrativo en la academia cambió su nombre por el de Ulysses S. Grant. Mientras rellenaba la nominación para West Point, el congresista Thomas L. Hamer anotó incorrectamente el nombre de Grant como «Ulysses S. Grant» en los papeles. Tenía la impresión de que el segundo nombre de Grant era el apellido de soltera de su madre, Simpson.

Grant intentó arreglarlo, pero le dijeron que era demasiado complicado cambiar los registros. La «S» no significa nada, pero sus amigos de West Point le llamaban a menudo «Sam», un guiño a sus nuevas iniciales, «U.S.». Grant aceptó este nombre y lo utilizó durante el resto de su vida.

Se graduó en 1843 y pasó a ser *intendente* (responsable de suministros y logística). Obtuvo ascensos por su valentía en la guerra mexicano-estadounidense. Grant conoció a Julia Dent cuando trabajaba en Misuri, y se casaron en 1848. Después de la guerra mexicano-estadounidense, fue designado a varios puestos fronterizos, incluido Fort Vancouver, en el noroeste del Pacífico.

Debido a acusaciones de embriaguez, Grant dimitió del ejército en 1854. No estaba hecho para la vida civil, lo que lo llevó a saltar de un empleo a otro. En 1857, la recesión económica le supuso una mayor carga financiera. En 1859, aceptó un empleo en la tienda de artículos de cuero de su padre y se trasladó de nuevo a Galena, Illinois. Cuando estalló la guerra civil, Grant se reincorporó al ejército.

Inicialmente, fue nombrado coronel de la Infantería Voluntaria 21 de Illinois. Su talento y habilidad le aseguraron un rápido ascenso a general de brigada de voluntarios.

En 1862, se ganó el apodo de «Rendición sin condiciones» en Fort Donelson. Cuando las fuerzas confederadas solicitaron términos de rendición, Grant insistió en la rendición incondicional e inmediata. Esta firme exigencia condujo a la rendición de unos doce mil soldados confederados, solidificando su reputación de líder decidido e inflexible. A pesar de sus éxitos, Grant fue criticado por el elevado número de bajas bajo su mando.

A lo largo de la guerra, Grant mantuvo fuertes lazos con Lincoln. Después de la guerra, en 1866, fue ascendido a general del ejército estadounidense. En 1867, el presidente Johnson lo nombró secretario de guerra. En 1868, Grant se convirtió en el decimoctavo presidente del país. Se centró en los esfuerzos de la Reconstrucción y en los derechos civiles de los esclavos liberados. A pesar de los numerosos escándalos y la corrupción durante su administración, Grant fue reelegido en 1872.

En 1877, una vez finalizado su mandato, se embarcó en una gira mundial que impulsó su imagen a nivel local y e internacional. Regresó a Estados Unidos en 1879, como un respetado héroe nacional. Se cree que incluso consideró presentarse a un tercer mandato en 1880, pero finalmente decidió no hacerlo.

Invirtió en la firma de corretaje Grant & Ward. No era el propietario, pero tenía una gran participación en ella. Desgraciadamente, las actividades fraudulentas de su socio hicieron que la firma se desmoronara en 1884. Grant se enfrentó a dificultades financieras, y en esta época escribió sus memorias. Durante este periodo, luchó con problemas de salud, incluido un cáncer de garganta. Murió de esta enfermedad en 1885, en Nueva York.

Está enterrado en la tumba de Grant, en Nueva York, junto a su esposa, que murió en 1902. Es el mausoleo más grande de Norteamérica. Sus memorias se imprimieron después de su muerte y alcanzaron un gran éxito crítico y financiero.

Boceto de una vista aérea de la Tumba de Grant en Nueva York[46]

Robert E. Lee

Ann Hill Carter dio a luz a Robert E. Lee el 19 de enero de 1807. Creció en Alexandria, Virginia. Era el orgulloso hijo de Henry «Caballo Ligero Harry» Lee, un respetado y conocido luchador por la independencia de Estados Unidos durante la Revolución estadounidense. Lee fue a West Point, donde terminó segundo en 1829. Se casó con Mary Anna Randolph Custis en 1831. Curiosamente, Mary era la hijastra de George Washington.

Fotografía de Robert E. Lee[47]

Concluidos sus estudios, Lee pasó a ser ingeniero del ejército de la nación. Durante la guerra de Estados Unidos con México, ascendió de rango gracias a su valentía y a sus excepcionales habilidades militares. La Academia Militar de West Point lo empleó como superintendente de 1852 a 1855. Lee estuvo al mando de la Caballería 2 en las fronteras de Texas, entre marzo de 1856 y octubre de 1857. Volvió a ocupar este puesto de febrero de 1860 a febrero de 1861. Durante este tiempo, se ocupó de los conflictos con las tribus nativas americanas.

En 1861, Lee era considerado uno de los oficiales más capaces del ejército estadounidense. Sin embargo, su fuerte apego y vinculación a su familia y a Virginia sellaron su decisión de unirse a la Confederación. La secesión de Virginia hizo que Lee dimitiera del ejército, a pesar de que se le había ofrecido un mando superior.

Durante el primer año de la guerra nacional, Lee participó en operaciones menores. Fue el principal asesor militar de Jefferson Davis. Abordó proyectos de ingeniería, incluida la fortificación de las defensas costeras en las Carolinas y Georgia.

En junio de 1862, Lee asumió el mando del ejército de Virginia del Norte. Bajo su dirección, este ejército se convirtió en el más exitoso y renombrado de la Confederación. Más adelante en la guerra, Lee fue nombrado general en jefe de todas las fuerzas confederadas. Su capacidad para mantener a raya a ejércitos más grandes de la Unión durante largos periodos demostró sus brillantes estrategias defensivas. El liderazgo y la conducta personal de Lee le merecieron el respeto de sus tropas y de sus rivales.

Tras su rendición final y la conclusión de la guerra, Lee fue indultado y volvió a reunirse con su familia en Richmond. El Washington College de Lexington le ofreció un puesto y, en 1865, se convirtió en su presidente. Hoy, el centro educativo lleva su nombre en su honor: Universidad Washington y Lee. Lee trabajó duro para reformar las normas educativas, ampliando el plan de estudios de la institución. Su éxito en la recaudación de fondos permitió a la universidad recuperarse financieramente.

Como devoto educador, Lee se interesaba por sus alumnos, lo que les impulsaba a superarse. Estaba totalmente dedicado a sus alumnos y a su trabajo. Su tendencia al exceso de trabajo fue posiblemente la razón del declive de su salud. Desarrolló una afección cardiaca, pero siguió trabajando.

Lee fue admirado y respetado por sus esfuerzos en la posguerra, ya que siempre promovió la reconciliación. Sufrió un derrame cerebral en septiembre de 1870 y falleció el 12 de octubre de 1870. Fue enterrado en la capilla de la misma universidad donde cambió la vida de tantos jóvenes.

La controversia rodea el legado de Lee. Desempeñó un papel muy activo en la guerra civil en el bando de la Confederación. Sus opiniones sobre la esclavitud también son cuestionables hoy en día. No obstante, en todo el Sur se han erigido estatuas y monumentos conmemorativos para honrarlo como un líder que realizó notables avances durante la posguerra.

Jefferson Davis

Jefferson Davis era el menor de diez hermanos. Nació el 3 de junio de 1808. Creció en el condado de Christian, Kentucky. Inicialmente asistió a la Universidad Transilvania de Kentucky, pero más tarde fue a West

Point. Se graduó en 1828. Su servicio militar temprano incluyó un periodo como teniente en Wisconsin.

En 1835, Davis renunció al ejército. Ese mismo año se casó con Sarah Knox Taylor. Solo tres meses después, la tragedia cayó sobre ella, que perdió la vida a causa de la malaria. Davis empezó a trabajar como plantador en Misisipi, en la plantación Brierfield.

Fotografía de Jefferson Davis[46]

En 1845, Varina Howell se convirtió en su nueva esposa y tuvieron seis hijos. Ese mismo año, fue elegido para un cargo en la Cámara de Representantes. Durante la guerra mexicano-estadounidense, fue coronel de la primera división de los Misisipi Rifles. Entre 1847 y 1851, sirvió en el Senado. Bajo el mandato del presidente Franklin Pierce, Davis ocupó el cargo de secretario de guerra, de 1853 a 1857. Tras este mandato, regresó al Senado, donde fue un destacado defensor de los derechos de los estados y de la esclavitud.

Davis fue el comandante en jefe del ejército confederado. Durante la guerra, participó en el traslado de la capital de Montgomery, Alabama, a Richmond, Virginia. Davis se centró en conseguir el apoyo y el reconocimiento de las naciones europeas. Incluso ordenó la creación de una moneda confederada.

Tras la guerra, Davis fue encarcelado. Fue puesto en libertad en 1867 tras pagar su fianza. Nunca fue juzgado por traición. Davis viajó a muchos lugares, incluyendo Canadá, Cuba y Europa. En 1869, se retiraron los cargos federales contra él. Sin embargo, no se le restituyó la ciudadanía hasta 1878. En 1869, se convirtió en presidente de la Carolina Life Insurance Company, con sede en Memphis, Tennessee.

Escribió sus memorias, *The Rise and Fall of the Confederate Government*, que se publicaron en 1881. Davis pasó mucho tiempo viajando y presentando el libro en público para promocionarlo. También fue una época trágica para él, ya que perdió a varios de sus hijos. Su esposa fue una gran fuente de consuelo para él durante los años de la posguerra.

Durante el resto de su vida, Davis escribió y publicó varios artículos y cartas defendiendo la causa sureña. Se enfrentó a muchas batallas legales sobre sus propiedades y finanzas. Vivió en varios lugares, entre ellos Tennessee, Misisipi y Luisiana. Davis también tuvo problemas de salud en sus últimos años.

Pasó su último tiempo en Beauvoir, una plantación en Biloxi, Misisipi. Finalmente, murió de una grave infección bronquial. Davis exhaló por última vez el 6 de diciembre de 1889, en Nueva Orleans, Luisiana, y fue enterrado en el cementerio de Hollywood, en Richmond, Virginia.

A pesar de que en un principio fue culpado de la derrota de la Confederación, más tarde Davis se convirtió en un héroe para muchos sureños.

William Tecumseh Sherman

El 8 de febrero de 1820, nació Tecumseh Sherman. Se crio en Lancaster, Ohio. Su padre, Charles, se hizo un buen nombre en la profesión legal. Charles murió cuando Sherman tenía solo nueve años. Un amigo de la familia, llamado Thomas Ewing, que estaba muy bien relacionado políticamente, acogió a Sherman como hijo adoptivo.

Fotografía de William Tecumseh Sherman[49]

El nombre de Sherman era originalmente Tecumseh, en honor al famoso líder *shawnee*. Su madre adoptiva añadió más tarde «William» a su nombre.

Ewing movió algunos hilos y consiguió que Sherman ingresara en West Point. Terminó sus estudios en 1840. Luego, sirvió en Florida en la segunda guerra Seminola. Este conflicto entre Estados Unidos y la tribu nativa americana de los seminolas duró de 1835 a 1842. Durante el tiempo que sirvió en la guerra mexicano-estadounidense, trabajó en un puesto administrativo en California. Nunca combatió.

En 1850, Sherman se casó con la hija de Ewing, Ellen. Dimitió del ejército en 1853 para centrarse en una carrera como banquero. Sin embargo, el Pánico de 1857 le creó dificultades económicas. El Pánico de 1857 fue una crisis financiera en Estados Unidos que provocó la quiebra generalizada de empresas, el declive de la industria ferroviaria y el aumento del desempleo.

En 1858, Sherman se trasladó a Kansas, donde trabajó poco tiempo como abogado. En 1859, aceptó un puesto como superintendente del Seminario Estatal de Aprendizaje y Academia Militar de Luisiana, lo que hoy es la Universidad Estatal de Luisiana. Cuando Luisiana abandonó la Unión, renunció a este puesto.

Tras el estallido de la guerra, Sherman se alistó en el ejército de la Unión, en mayo de 1861. Asumió el cargo de coronel y fue ascendido a general de brigada tras la primera batalla de Bull Run. A finales de 1861, abandonó su puesto por problemas de salud mental.

A principios de 1862, estaba de nuevo a las órdenes de Ulysses S. Grant, con quien formó una estrecha relación de trabajo, que impulsó su carrera. También mantuvo una estrecha comunicación con otros líderes de la Unión. Algunos lo consideraban *errático* (poco fiable e imprevisible) y otros brillante. Durante la guerra perdió a dos de sus hijos, lo que le afectó profundamente.

Después de la guerra, Sherman fue elevado a general en jefe del ejército estadounidense, en 1869. Supervisó las operaciones militares durante las guerras Indias Americanas en el Oeste. Mantuvo su política de guerra total. También desempeñó un papel importante en los aspectos militares de la Reconstrucción en el Sur.

En 1875, se imprimieron y publicaron sus memorias, que fueron muy elogiadas. Sherman era un popular orador público. A menudo contaba a las multitudes historias de sus experiencias en la guerra. En 1884, lo instaron a buscar la presidencia, pero Sherman rechazó la idea, pronunciando las famosas palabras: «Si me nominan, no me presentaré; si me eligen, no serviré».

Sherman pasó su jubilación con su esposa y los hijos sobrevivientes. Se mantuvo ocupado viajando extensamente por EE. UU. y Europa. Le interesaba mucho el arte y la literatura, lo que lo mantuvo en contacto con escritores y artistas notables. También participó en diversas causas de veteranos.

Fotografía del monumento a William Tecumseh Sherman en Nueva York[50]

La salud de Sherman empeoró a medida que envejecía. Desarrolló asma y *reumatismo* (una enfermedad que inflama las articulaciones y los músculos). En 1888 murió su amada esposa. Pasó sus últimos años en la ciudad de Nueva York. El 14 de febrero de 1891, exhaló su último aliento. Su entierro tuvo lugar en St. Louis, Missouri, donde fue enterrado en el cementerio del Calvario.

La controversia rodea su legado. Algunos lo consideran un héroe, mientras que otros piensan que fue cruel, debido a sus duras tácticas en tiempos de guerra.

¿Qué opina de estos individuos? ¡Es hora de realizar la actividad de este capítulo!

Actividad del capítulo 9

Enumere cinco hechos importantes sobre la vida de cada uno de los personajes clave presentados a continuación. Consulte el contenido del capítulo 9 para comprobar que la información es exacta.

1. Clara Barton

_____

_____

_____

_____

_____

2. Ulysses S. Grant

_____

_____

_____

_____

3. Robert E. Lee

_____

_____

_____

_____

_____

Capítulo 10: Honrar el pasado

Recordar la guerra civil estadounidense es importante en la era moderna. En este capítulo se destacan los monumentos *conmemorativos*, museos, parques e incluso el día festivo *dedicado a conmemorar* (recordar) esta guerra.

El monumento a Lincoln

La estatua conmemorativa de Lincoln en Washington, D.C. es impresionante. Mide diecinueve pies de altura. ¡Es aproximadamente la altura de un edificio de dos pisos! Fue elaborada con mármol blanco de Georgia. Daniel Chester French diseñó la obra maestra, que fue tallada por los hermanos Piccirilli.

Fotografía de la imponente estatua de Lincoln en el Lincoln Memorial[51]

Todo el exterior del edificio fue obra cuidadosa de Henry Bacon, que se inspiró en el estilo del Partenón de Grecia. Está hecho de mármol de Colorado Yule. Hay treinta y seis columnas dóricas, que representan los treinta y seis estados que tenía la Unión cuando Lincoln fue asesinado. Cada una de ellas está formada por varios *tambores* individuales (las secciones cilíndricas que forman las columnas). El *friso* (borde) del monumento conmemorativo enumera los treinta y seis estados de la Unión cuando Lincoln murió.

La *cornisa* (parte superior del exterior del edificio) está decorada con *palmetas* (adornos que parecen hojas en forma de abanico de una palmera). Presenta cabezas de león que decoran una voluta esculpida. Cerca de la estatua hay un estanque cristalino, desde el que suben escalones hasta la plaza del monumento. La plaza está flanqueada por contrafuertes de piedra caliza coronados por un *trípode* (estructura de tres patas) de once pies de altura. Están tallados en mármol rosa de Tennessee.

Impresionante vista aérea del Lincoln Memorial[52]

Los murales, que muestran temas de emancipación y unidad, fueron pintados por Jules Guerin. Hay un grabado realizado por Royal Cortissoz. El espacio interior está dividido en tres secciones: norte, sur y central. Cada sección cuenta con dos filas de cuatro columnas de quince metros.

Los techos están adornados con vigas de bronce, con toques decorativos de laurel y diseños de hojas de roble. Además, tienen paneles elaborados con mármol de Alabama, tratados con parafina para realzar su translucidez. La pared sur presenta el segundo Discurso Inaugural, mientras que la pared norte exhibe el Discurso de Gettysburg.

El recinto está siempre abierto al público y está muy bien iluminado por la noche. Este espacio se utiliza como punto de encuentro para los visitantes y es un lugar popular para ocasiones importantes. Es donde Martin Luther King Jr. pronunció el conocido discurso *Tengo un sueño*. Este lugar atrae a más de siete millones de personas de todo el mundo.

Día de los Caídos

Día festivo nacional estadounidense, comenzó como una forma de honrar a los soldados que murieron en la guerra civil. Al principio, se llamaba Día de la Decoración, y conmemoraba a los soldados de la Unión caídos durante la guerra. El general John A. Logan, general de la Unión, emitió una declaración oficial que dio lugar a la primera celebración de este día el 30 de mayo de 1868.

En 1971, el Congreso aprobó la Ley Uniforme del Lunes Festivo. Esto convirtió oficialmente el Día de los Caídos en un día festivo federal. El Día de los Caídos se celebra el último lunes de mayo. Ahora, este día se honra a los soldados caídos de todas las guerras.

La gente visita los cementerios y los monumentos conmemorativos para presentar sus respetos a quienes murieron sirviendo en el ejército. A las 3 p.m., se guarda un minuto de silencio. Muchas ciudades organizan desfiles en los que participan militares, veteranos y bandas de música. Los voluntarios dejan banderas estadounidenses en las tumbas de los militares en los cementerios nacionales. Las familias también se reúnen para hacer barbacoas y picnics. Además, suele ser una celebración no oficial del comienzo del verano.

La gente asiste a ceremonias nacionales, discursos, servicios religiosos y actos comunitarios. Hay una ceremonia de colocación de coronas en la Tumba del Soldado Desconocido, en el cementerio de Arlington. Esta tumba es un monumento dedicado a los soldados no identificados que murieron en servicio.

Parque Militar Nacional de Gettysburg

En Gettysburg, se creó un parque en 1895 para conmemorar la importante batalla que tuvo lugar allí en julio de 1863. También se honra el famoso discurso de Lincoln, que fue pronunciado en ese mismo lugar después de la batalla. Desde 1933, el parque está bajo la gestión del

Servicio de Parques Nacionales. Posteriormente, el 15 de octubre de 1966, fue incluido en el Registro Nacional de Lugares Históricos.

El parque es extremadamente popular. Cada año acuden a él unos 900.500 visitantes de todo el mundo.

Fotografía de un cañón del campo de batalla de Gettysburg en el Parque Militar Nacional de Gettysburg[13]

- El parque alberga el Museo y Centro de Visitantes de Gettysburg, que cuenta con 43.000 artefactos de la guerra. Los terrenos incluyen 1.300 monumentos, marcadores y memoriales, así como el Cementerio Nacional de Gettysburg. Muchos de los edificios históricos del parque han sido restaurados para devolverles su aspecto del siglo XIX. Varían desde modestas granjas hasta estructuras más grandes y detalladas.

A continuación, se presenta una lista de algunos de los edificios del parque:

- **Casa de David Wills:** Esta casa histórica es un museo en el parque. Fue donde Lincoln se alojó antes de pronunciar su famoso discurso.

- **Casa Jennie Wade:** Esta casa se conserva como museo en memoria de Jennie Wade, la única civil muerta durante la batalla de Gettysburg. Estaba visitando la casa de su hermana, que ahora es la casa Jennie Wade, cuando una bala perdida acabó trágicamente con su vida.

- **Sala Schmucker:** Este edificio es el museo de Seminary Ridge, un seminario luterano que fue transformado en hospital de campaña durante la batalla.

- **Taberna de la Casa Dobbin:** Esta casa fue construida en 1776 y se utilizó como hospital durante la batalla. Hoy en día se utiliza como alojamiento.

- **Casa Lydia Leister:** Restaurada a su aspecto de 1863, esta casa fue utilizada como cuartel general por el general Meade durante la batalla.

- **Granja Brian:** Esta granja, situada en Cemetery Ridge, sufrió graves daños durante la batalla. Desde entonces se ha restaurado varias veces para que conserve su estado original.

- **Casa Bushman:** Esta casa fue construida en 1808 y utilizada por los confederados como punto de apoyo para los ataques y como hospital de campaña durante la batalla de Gettysburg.

Hay varios proyectos en curso para devolver al campo de batalla su aspecto de 1863.

Actividades en el Parque Militar Nacional de Gettysburg

El parque está repleto de actividades emocionantes y educativas en las que pueden participar los visitantes. ¡Son formas de experimentar la historia en el mundo moderno! Por ejemplo, se hacen representaciones de batallas significativas, y los visitantes pueden explorar campamentos reconstruidos que muestran las condiciones en las que vivían los soldados.

Demostraciones de disparos de mosquetes, ejercicios de artillería y prácticas médicas dan vida a la guerra para visitantes y estudiosos. También hay muchas exposiciones interactivas que proporcionan a los visitantes experiencias prácticas de aprendizaje.

Además, hay actores vestidos de época, que interactúan con los visitantes del parque y responden a preguntas sobre la vida durante la guerra. Los visitantes pueden disfrutar de talleres sobre temas como la fotografía de guerra y la arqueología de los campos de batalla, así como de charlas impartidas por el personal del parque e historiadores.

A lo largo del año, se realizan conmemoraciones de aniversarios, fines de semana temáticos y diferentes programas estacionales. Las búsquedas del tesoro especiales para niños y las actividades de los guardabosques hacen que el parque sea muy popular entre los visitantes más jóvenes.

Guías licenciados y certificados guían a la gente en visitas grupales, y también hay recorridos personalizados en autobús, a pie, en bicicleta y en auto.

Si no puede visitarlo en persona, también hay recursos en línea disponibles, como visitas virtuales y gran variedad de material educativo.

Museo Nacional de la Guerra Civil

El Museo Nacional de la Guerra Civil fue planeado para ofrecer una visión equilibrada de la guerra, mostrando perspectivas de la Unión y de la Confederación. Abrió sus puertas en 2001 en Harrisburg, Pensilvania. Funciona como una organización privada sin ánimo de lucro.

El museo cuenta con una enorme colección de más de veinticinco mil artefactos, manuscritos, documentos y fotografías. Está vinculado a la famosa Institución Smithsonian desde 2009. Cuenta con diecisiete exposiciones permanentes, además de exposiciones temporales. El museo cuenta con un famoso paseo conmemorativo, conocido como el Paseo del Valor, que incluye ladrillos grabados con los nombres de los veteranos de la guerra civil.

Exposiciones interactivas, presentaciones multimedia, excursiones educativas, talleres y conferencias para los visitantes forman parte de la experiencia de este museo. En el teatro del museo se ofrecen películas y presentaciones educativas. Una atracción clave es la biblioteca de investigación, a la que solo se puede acceder con cita previa. El museo también acoge firmas de libros, conferencias y recreaciones de la guerra.

Cementerio Nacional de Arlington

El Cementerio Nacional de Arlington es un famoso lugar de enterramiento. Recibe más de cuatro millones de visitantes al año. Fue fundado el 13 de mayo de 1864, durante la guerra, para proporcionar espacio de enterramiento a los soldados caídos de la Unión. Hay una gran historia ligada a los 639 acres de terreno en los que se encuentra.

Una fotografía de cientos de tumbas en el Cementerio Nacional de Arlington[44]

Originalmente, el hijastro de George Washington, George Washington Parke Custis, era el propietario de la finca. La mansión de la finca, Arlington House, se destinó como monumento conmemorativo de George Washington.

En 1831, Lee se casó con la hija de Washington Parke Custis, Mary Anna, y las tierras pasaron a ser de su propiedad. Lee y su esposa vivieron en Arlington House hasta el comienzo de la guerra. Durante la guerra, la propiedad fue confiscada por la Unión debido a una disputa sobre impuestos. La casa se convirtió en una villa para esclavos libres y fugitivos.

El 13 de mayo de 1864, el soldado William Christman fue el primer soldado enterrado en este lugar. El 15 de junio de 1864, fue declarado oficialmente cementerio nacional. En 1920, se construyó un anfiteatro para realizar grandes ceremonias, como el Día de los Caídos y el Día de los Veteranos.

En 1932 se terminó el icónico monumento conocido como la Tumba del Soldado Desconocido. Se dedicó a los miembros no identificados del servicio militar estadounidense. Desde julio de 1937, la tumba está custodiada veinticuatro horas al día, siete días a la semana, llueva o haga sol, por el tercer Regimiento de Infantería de EE. UU.

Hasta 1948, el cementerio estaba segregado por raza y rango. La calle conmemorativa está bordeada de árboles y monumentos, y el puente conmemorativo une el cementerio con Washington, D.C. A la entrada del cementerio hay un monumento en honor a las mujeres que han servido en el ejército estadounidense.

Hay más de 400.000 tumbas en el Cementerio Nacional de Arlington. Algunas de las más famosas son del presidente John F. Kennedy, del juez del Tribunal Supremo Thurgood Marshall y del astronauta John Glenn.

Campo de batalla nacional de Antietam

Un lugar muy popular de la guerra civil es el campo de batalla nacional de Antietam, que se encuentra cerca de Sharpsburg, Maryland. El lugar se creó como parque nacional en 1890. Abarca alrededor de 3.230 acres de terreno y ofrece una impresionante vista panorámica del campo de batalla. Cientos de miles de visitantes acuden anualmente.

El centro de visitantes cuenta con exposiciones, un teatro y una librería. La iglesia Dunker ha sido restaurada. El puente Burnside y la calle Bloody Lane ofrecen a los visitantes un vistazo a los lugares donde se produjeron brutales combates durante la guerra. También hay un cementerio con más de 4.700 tumbas de la Unión. Los visitantes pueden realizar una visita autoguiada en auto con once paradas, en las que se destacan las batallas clave.

El personal del parque también ofrece visitas guiadas con programas educativos. Hay recreaciones y demostraciones de historia viviente. Más de cien monumentos y marcadores honran la batalla y a sus participantes. El hospital de campaña utilizado durante la batalla se convirtió en el museo del hospital de campaña Pry House. También se conservan granjas y graneros dentro del parque.

Fotografía del monumento de la guerra civil estadounidense[55]

Percepciones modernas de la guerra civil estadounidense

¿La guerra civil sigue siendo relevante, o es solo historia? Esta guerra sigue siendo un tema candente. Suscita una mezcla de emociones y opiniones incluso hoy en día. Más de la mitad de los estadounidenses, alrededor del 56 %, considera que temas como las relaciones raciales, los derechos de los estados y la unidad nacional mantienen vivas las conversaciones sobre la guerra civil. Para el 39 % restante, esta guerra no es relevante en la actualidad.

Las opiniones están divididas también cuando se pregunta si esta guerra valió o no la pena. Algunos sostienen que fue esencial para acabar con la esclavitud y preservar la Unión. La consideran un capítulo doloroso, pero necesario, de la historia del país. Otros se centran en la devastadora pérdida de vidas y en las cicatrices duraderas que el conflicto dejó en la nación.

Los debates también continúan con respecto a las figuras claves y sus complejos legados, ya que algunos son celebrados por su liderazgo y visión, mientras otros son vistos a través de una lente más controvertida.

Hay una controversia permanente en torno a los símbolos confederados en los Estados Unidos modernos. En los últimos años, los estados y las ciudades han tomado medidas audaces para retirar los símbolos confederados de los espacios públicos, incluido el cambio de nombre de escuelas, calles y bases militares que originalmente llevaban el nombre de líderes confederados. La remoción de estatuas ha suscitado debates y manifestaciones.

Los símbolos confederados tienen una huella cultural que influye en todo, desde la moda hasta la música. Sin embargo, esto ha cambiado gradualmente, con las escuelas actualizando los planes de estudios para ofrecer un punto de vista más equilibrado e inclusivo. Muchas empresas han adoptado una postura sobre el uso de estos símbolos, y algunos minoristas han optado por dejar de vender mercancías con la bandera confederada.

Conclusión

Se argumenta que la guerra civil fue un llamado de atención que condujo a un gobierno federal más fuerte. Esto frenó el poder de los estados individuales y unificó la nación. La Decimotercera, Decimocuarta y Decimoquinta Enmiendas eran lo que el país necesitaba para lanzarse a la escena mundial. Estados Unidos se convirtió en una potencia mundial entre setenta y ochenta años después.

Esperamos que haya disfrutado esta fascinante exploración de uno de los periodos históricos más importantes de Estados Unidos. Para terminar el libro, solo le falta completar la actividad de este capítulo.

Para finalizar, tenga en cuenta lo siguiente: Hay muchísimas historias notables del pasado esperando a ser exploradas por un joven historiador como usted. Hasta que volvamos a encontrarnos para otra aventura histórica emocionante y llena de diversión, le deseamos un feliz aprendizaje y ¡hasta luego!

Actividad del capítulo 10

Encuentre las siguientes palabras en la sopa de letras:

- Memorial
- Decoración
- Gettysburg
- Militar
- Museo
- Cementerio
- Campo de batalla
- Arlington
- Guardaparques
- Washington

A	M	S	D	A	W	E	N	M	H	G	F	D	V	T
Y	U	D	X	C	J	F	H	B	G	F	D	S	X	E
A	S	O	O	P	L	M	N	D	V	C	H	G	H	G
S	E	F	D	C	E	M	E	T	E	R	Y	G	E	G
G	U	S	X	C	A	H	N	G	C	V	F	T	N	E
O	M	F	S	N	X	Z	Y	U	I	O	E	R	T	T
G	S	M	L	P	W	S	Q	Q	S	X	C	G	R	T
V	P	D	E	C	O	R	A	T	I	O	N	S	D	Y
O	U	Y	N	B	V	G	F	V	C	H	J	N	B	S
M	A	R	L	I	N	G	T	O	N	E	D	F	S	B
X	J	W	S	A	X	Z	Z	S	E	R	T	F	C	U
E	H	J	H	J	N	G	B	M	R	A	N	G	E	R
M	I	L	I	T	A	R	Y	G	B	N	M	C	X	G
E	X	D	R	T	G	N	B	F	J	K	O	P	L	M
M	F	G	H	J	K	V	B	N	E	W	Q	R	T	D
O	D	C	S	B	A	T	T	L	E	F	I	E	L	D
R	A	S	D	F	G	H	J	U	Y	T	V	C	X	Z
I	W	W	A	S	H	I	N	G	T	O	N	N	M	V
A	T	U	I	E	R	F	V	D	Y	Z	N	D	S	O
L	Z	C	Z	B	I	M	F	O	T	E	A	P	Q	X

Respuestas a la actividad del capítulo 10

	M												
	U												
	S												
	E			C	E	M	E	T	E	R	Y			G
	U												G...

Vea más libros escritos por Enthralling History

BILLY WELLMAN

LA ANTIGUA
ROMA
PARA ADOLESCENTES

UNA GUÍA APASIONANTE DE LA
REPÚBLICA Y EL IMPERIO ROMANO

ENTHRALLING HISTORY

Bibliografía

En junio, julio, agosto y septiembre de 2024 se accedió a las siguientes páginas web en busca de información relevante:

- https://www.britannica.com/event/American-Civil-War
- https://www.thoughtco.com/the-lincoln-douglas-debates-of-1858-1773590
- https://www.encyclopedia.com/history/united-states-and-canada/us-history/american-civil-war
- https://www.encyclopedia.com/history/encyclopedias-almanacs-transcripts-and-maps/union
- https://www.thoughtco.com/civil-war-in-east-1863-1865-2360894
- https://www.britannica.com/search?query=stonewall+jackson
- https://www.britannica.com/topic/Confederate-States-of-America
- https://www.britannica.com/video/195131/Overview-role-Texas-American-Civil-War
- https://www.encyclopedia.com/social-sciences-and-law/law/law-divisions-and-codes/thirteenth-amendment
- https://www.encyclopedia.com/history/energy-government-and-defense-magazines/1857-1861-south-prepares-secede
- https://www.encyclopedia.com/history/energy-government-and-defense-magazines/northern-abolitionist-movement
- https://www.britannica.com/biography/Harriet-Tubman
- https://www.thoughtco.com/clara-barton-biography-3528482

- https://www.encyclopedia.com/history/united-states-and-canada/us-history/reconstruction
- https://www.encyclopedia.com/places/united-states-and-canada/miscellaneous-us-geography/arlington-national-cemetery
- https://www.encyclopedia.com/social-sciences/applied-and-social-sciences-magazines/constitution-us
- https://www.encyclopedia.com/history/energy-government-and-defense-magazines/ulysses-s-grant
- https://www.britannica.com/topic/Army-of-Tennessee
- https://www.britannica.com/search?query=battle+of+gettysburg
- https://www.thoughtco.com/warships-of-the-civil-war-4063148
- https://www.britannica.com/question/What-was-Ulysses-S-Grants-policy-regarding-Reconstruction
- https://www.britannica.com/topic/Fifteenth-Amendment
- https://www.encyclopedia.com/history/dictionaries-thesauruses-pictures-and-press-releases/congress-debates-fourteenth-amendment-1866
- https://www.encyclopedia.com/politics/encyclopedias-almanacs-transcripts-and-maps/fourteenth-amendment-framing
- https://www.britannica.com/summary/Robert-E-Lee
- https://www.britannica.com/biography/Jefferson-Davis/Capture-and-imprisonment
- https://www.thoughtco.com/surrender-at-appomattox-2360931
- https://www.encyclopedia.com/politics/energy-government-and-defense-magazines/assassination-president-lincoln
- https://www.britannica.com/topic/Army-of-the-Potomac
- https://www.britannica.com/question/What-is-the-history-of-Memorial-Day
- https://www.britannica.com/topic/slavery-in-the-United-States
- https://www.encyclopedia.com/history/encyclopedias-almanacs-transcripts-and-maps/african-slavery-americas
- https://www.encyclopedia.com/science/encyclopedias-almanacs-transcripts-and-maps/history-exploration-ii-age-exploration
- https://www.encyclopedia.com/history/dictionaries-thesauruses-pictures-and-press-releases/jacksonian-democracy
- https://www.history.com/topics/american-civil-war/reconstruction

- https://www.thoughtco.com/the-whig-party-and-its-presidents-4160783
- https://www.britannica.com/topic/Free-Soil-Party
- https://www.britannica.com/topic/Whig-Party
- https://www.britannica.com/topic/Republican-Party
- https://www.encyclopedia.com/history/united-states-and-canada/us-history/tenure-office-act
- https://www.encyclopedia.com/reference/encyclopedias-almanacs-transcripts-and-maps/hamlin-hannibal
- https://www.encyclopedia.com/social-sciences-and-law/political-science-and-government/political-parties-and-movements/republican-party
- https://www.encyclopedia.com/history/dictionaries-thesauruses-pictures-and-press-releases/johnson-impeachment

Lista de referencias

- United States. (1776). *Declaration of Independence*. Retrieved from National Archives.

- U.S. Const. art. VI, cl. 2.

- McPherson, J. M. (2003). *Battle Cry of Freedom: The Civil War Era*. Oxford University Press.

- O'Sullivan, J. L. (1845). Annexation. *The United States Magazine and Democratic Review*, 17, 5-10.

- Etcheson, N. (2004). *Bleeding Kansas: Contested Liberty in the Civil War Era*. Lawrence: University Press of Kansas.

- Larson, K. C. (2004). *Bound for the promised land: Harriet Tubman, portrait of an American hero*. New York, NY: Ballantine Books.

- Foner, E. (1995). *Free Soil, Free Labor, Free Men: The Ideology of the Republican Party before the Civil War*. Oxford University Press.

- United States Constitution. Amendment XIII.

- U.S. Const. amend. XIV, § 1, 1868.

- Oates, S. B. (1995). *Woman of Valor: Clara Barton and the Civil War*. Free Press.

Si busca información adicional sobre la guerra civil, consulte estos magníficos recursos:

Libros impresionantes para adolescentes sobre la guerra civil:

- Hunt, I. (1964). *Across Five Aprils*. Follett.
- Keith, H. (1957). *Rifles for Watie*. Crowell.

Magníficos sitios web para adolescentes sobre la guerra civil:

- https://www.history.com/news/harriet-tubman-facts-daring-raid
- https://www.history.com/this-day-in-history/states-meet-to-form-confederacy
- https://www.history.com/topics/us-presidents/abraham-lincoln
- https://www.nationalgeographic.com/premium/article/battle-of-gettysburg-day-maps
- https://www.nationalgeographic.com/history/article/how-mail-in-voting-began-on-civil-war-battlefields

Interesantes vídeos educativos de YouTube para adolescentes sobre la guerra civil:

- The Civil War – US History for Teens
  https://www.youtube.com/watch?v=N9gwt86Cazs
- Civil War 1862: The Civil War in Four Minutes
  https://www.youtube.com/watch?v=Dc0QETDv93I
- US Civil War Documentary – The Best Documentary Ever
  https://www.youtube.com/watch?v=avMU919vx8A

Fuentes de imágenes

1 https://commons.wikimedia.org/wiki/File:American_Civil_War_Montage.jpg

2 https://commons.wikimedia.org/wiki/File:Signing_of_the_Declaration_of_
Independence_4K.jpg

3 https://commons.wikimedia.org/wiki/File:Cotton_gin_EWM_2007.jpg

4 Benutzer:ErnstA (Ernst Schütte), CC BY-SA 3.0
<http://creativecommons.org/licenses/by-sa/3.0/>, vía Wikimedia Commons;
https://commons.wikimedia.org/wiki/File:LouisianaPurchase.png

5 https://commons.wikimedia.org/wiki/File:American_Progress_(John_
Gast_painting).jpg

6 https://commons.wikimedia.org/wiki/File:Main_deck_of_a_slave_ship-P6280084.JPG

7 https://commons.wikimedia.org/wiki/File:Prince_hall_portrait.jpg

8 Billy Hathorn, CC0, vía Wikimedia Commons
https://commons.wikimedia.org/wiki/File:William_Lloyd_Garrison_at_National_Port
rait_Gallery_IMG_4392.JPG

9 https://commons.wikimedia.org/wiki/File:Harriet_Beecher_Stowe_c1852.jpg

10 https://commons.wikimedia.org/wiki/File:Frederick_Douglass_(1840s).jpg

11 CC BY-SA 4.0 <https://creativecommons.org/licenses/by-sa/4.0>, vía Wikimedia
Commons; https://commons.wikimedia.org/wiki/File:Tubman,_Harriet_Ross_
(c._1821-1913).png

12 https://commons.wikimedia.org/wiki/File:Undergroundrailroadsmall2.jpg

13 https://commons.wikimedia.org/wiki/File:Andrew_jackson_head.jpg

14 https://commons.wikimedia.org/wiki/File:Abrahamlincoln.jpg

15 https://commons.wikimedia.org/wiki/File:Hannibal_Hamlin,_photo_portrait_
seated,_c1860-65-retouched-crop_(cropped).jpg

16 https://commons.wikimedia.org/wiki/File:Abraham_Lincoln%27s_return_
home_after_his_successful_campaign_for_the_Presidency_of_the_United_States,_in
_October,_1860_LCCN2003677696.jpg

17 Júlio Reis, CC BY-SA 3.0 <https://creativecommons.org/licenses/by-sa/3.0>, via
Wikimedia Commons https://commons.wikimedia.org/wiki/File:
US_map_1864_Civil_War_divisions.svg

18 https://commons.wikimedia.org/wiki/File:Flag_of_the_Confederate_States
_(1861%E2%80%931863).svg

19 https://commons.wikimedia.org/wiki/File:Bombardment_of_Fort_Sumter.jpg

20 https://commons.wikimedia.org/wiki/File:Confederate_uniforms_(13147922734).jpg

21 https://commons.wikimedia.org/wiki/File:James_Hope_-
_The_Army_of_the_Potomac_-_45.890_-_Museum_of_Fine_Arts.jpg

22 https://commons.wikimedia.org/wiki/File:First_Battle_of_Bull_Run_Kurz_%26
_Allison.jpg

23 https://commons.wikimedia.org/wiki/File:Stonewall_Jackson_portrait_by_
William_D._Washington.jpg

24 https://commons.wikimedia.org/wiki/File:Terrific_combat_between_the
_%22Monitor%22_2_guns_%26_%22Merrimac%22_10_guns_The_first_fight_betwe
en_iron_clad_ships_of_war,_in_Hampton_Roads,_March_9th_1862,_in_which_the
little%22Monitor%22_whipped_the_LCCN90710608.jpg

25 https://commons.wikimedia.org/wiki/File:Kurz_%26_Allison_-
_Battle_of_Antietam.jpg

26 https://commons.wikimedia.org/wiki/File:Thure_de_Thulstrup_-
_L._Prang_and_Co._-_Battle_of_Gettysburg_-
_Restoration_by_Adam_Cuerden_(cropped).jpg

27 https://commons.wikimedia.org/wiki/File:Picketts_charge_confederates_by_
Edwin_Forbes.jpg

28 https://commons.wikimedia.org/wiki/File:Gettysburg_Address_(poster).jpg

29 https://commons.wikimedia.org/wiki/File:Fall_of_Petersburg_
LCCN2003656875.jpg

30 Stratton, Ella (Hines), Sra. [del catálogo antiguo], Sin restricciones, vía Wikimedia
Commons https://commons.wikimedia.org/wiki/File:Surrender_of_General_Robert_
E._Lee,_9_April_1865.jpg

31 https://commons.wikimedia.org/wiki/File:Battle_of_Fort_Donelson.png

32 https://commons.wikimedia.org/wiki/File:The_Great_Naval_Battle_
Opposite_the_City_of_Memphis,_June_6,_1862_-_Alexander_Simplot.jpg

33 https://commons.wikimedia.org/wiki/File: C hickamauga.jpg

34 https://commons.wikimedia.org/wiki/File:Battle_of_Atlanta_Kurz_%26_Allison.jpg

35 https://commons.wikimedia.org/wiki/File:Sherman%27s_March_to_the_Sea_-_Project_Gutenberg_eText_21566.jpg?20120301074300

36 https://commons.wikimedia.org/wiki/File:BattleofFortBlakely1.png

37 https://commons.wikimedia.org/wiki/File:Lincoln_assassination_slide_c1900_-_Restoration.jpg

38 https://commons.wikimedia.org/wiki/File:President_Andrew_Johnson.jpg

39 https://commons.wikimedia.org/wiki/File:The_surrender_of_Genl._Joe_Johnston_near_Greensboro_N.C.,_April_26th_1865_LCCN90714979.jpg

40 Txsurfgirl1, CC BY-SA 4.0 <https://creativecommons.org/licenses/by-sa/4.0>, vía Wikimedia Commons; https://commons.wikimedia.org/wiki/File:Battle_of_Palmito_Ranch_ m arker_South_Texas.jpg

41   mhttps://commons.wikimedia.org/wiki/File:13th_Aendment_Pg1of1_AC.jpg

42 https://commons.wikimedia.org/wiki/File:Chambers_of_the_Senate_during_the_impeachment_trial_of_Andrew_Johnson_(1).gif

43 https://commons.wikimedia.org/wiki/File:Freedmens_Bureau_1866.jpg

44 https://commons.wikimedia.org/wiki/File:Clara_Barton_1860s.jpg

45 https://commons.wikimedia.org/wiki/File:President_Ulysses_S._Grant_by_Mathew_Brady_3.jpg

46 https://commons.wikimedia.org/wiki/File:Bird%27s-eye_view_of_Grant%27s_Tomb,_New_York_LCCN97506556.jpg

47 https://commons.wikimedia.org/wiki/File:Robert_Edward_Lee.jpg

48 https://commons.wikimedia.org/wiki/File:Jefferson_Davis_1862.jpg

49 https://commons.wikimedia.org/wiki/File:William_tecumseh_sherman.jpg

50 Por King of Hearts, CC BY-SA 4.0 <https://creativecommons.org/licenses/by-sa/4.0>, vía Wikimedia Commons; https://commons.wikimedia.org/wiki/File:William_Tecumseh_Sherman_Monument_New_York_January_2016_002.jpg

51 ys, CC BY-SA 2.0 <https://creativecommons.org/licenses/by-sa/2.0>, vía Wikimedia Commons; https://commons.wikimedia.org/wiki/File:Lincoln_Memorial_EB.jpg

52 https://commons.wikimedia.org/wiki/File:Aerial_view_of_Lincoln_Memorial_-_east_side_EDIT.jpeg

53 Jlmachlin, CC BY-SA 4.0 <https://creativecommons.org/licenses/by-sa/4.0>, vía Wikimedia Commons; https://commons.wikimedia.org/wiki/File:Gettysburg_Battlefield_Cannon,_Gettysburg_National_Military_Park,_PA.jpg

54 Dudva, CC BY-SA 4.0 <https://creativecommons.org/licenses/by-sa/4.0>, vía Wikimedia Commons; https://commons.wikimedia.org/wiki/File:Arlington_National_Cemetery.jpg

55 https://commons.wikimedia.org/wiki/File:Antietam_National_Battlefield_Memorial_-_memorial_(Bloodylane)_18.JPG

www.ingramcontent.com/pod-product-compliance
Lightning Source LLC
LaVergne TN
LVHW051739080426
835511LV00018B/3144